おそ松さん 『おそダス』オリジナルステッカー

Osomatsusan

6つ子のシェー英社名刺　おそ松 ver.

株式会社　シェー英社

6 レース

編集

1 マツ／オソマツ

松野おそ松

〒○×△-□○○×

東京都赤塚区 △-□-○

クソセリフ入り

フキダシつきおそ松集

シェー英社

株式会社　シェー英社

6 レース

編集

6つ子のシェー英社名刺　カラ松 ver.

イタセリフ入り
フキダシつきカラ松集

シェー英社

Sheeeisha

6つ子のシェー英社名刺　チョロ松ver.

ライジングセリフ入り
フキダシつきチョロ松集

シェー英社

株式会社 シェー英社

6つ子のシェー英社名刺　一松 ver.

株式会社 シェー英社

松《まつ》野《の》一《いち》松《まつ》

〒○×△-□○○×
東京都赤塚区 △-□-○

闇セリフ入り
フキダシつき一松集

株式会社 シェー英社

6つ子のシェー英社名刺　十四松 ver.

株式会社 シェー英社

松野十四松

JYUSHIMATSU MATSUNO

しぇーえいしゃ
十四松です。

〒○×△-□○○×
東京都赤塚区 △-□-○

十四松なセリフ入り
フキダシつき十四松集

シェー英社

株式会社 シェー英社

ホームラン!!!

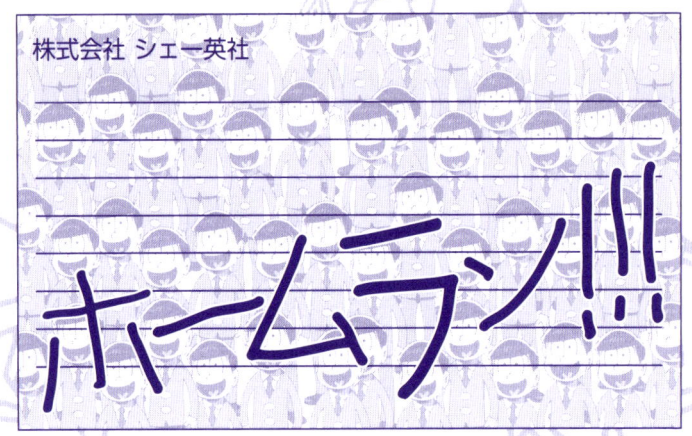

6つ子のシェー英社名刺　トド松ver.

末っ子セリフ入り
フキダシつきトド松集

KABUSHIKIKAISHA
SHEEEISHA

Totty

6つ子の世界へようこそ！

赤塚区MAP

6つ子の行動範囲を徹底的に考察し、赤塚区の地図を作りあげた！

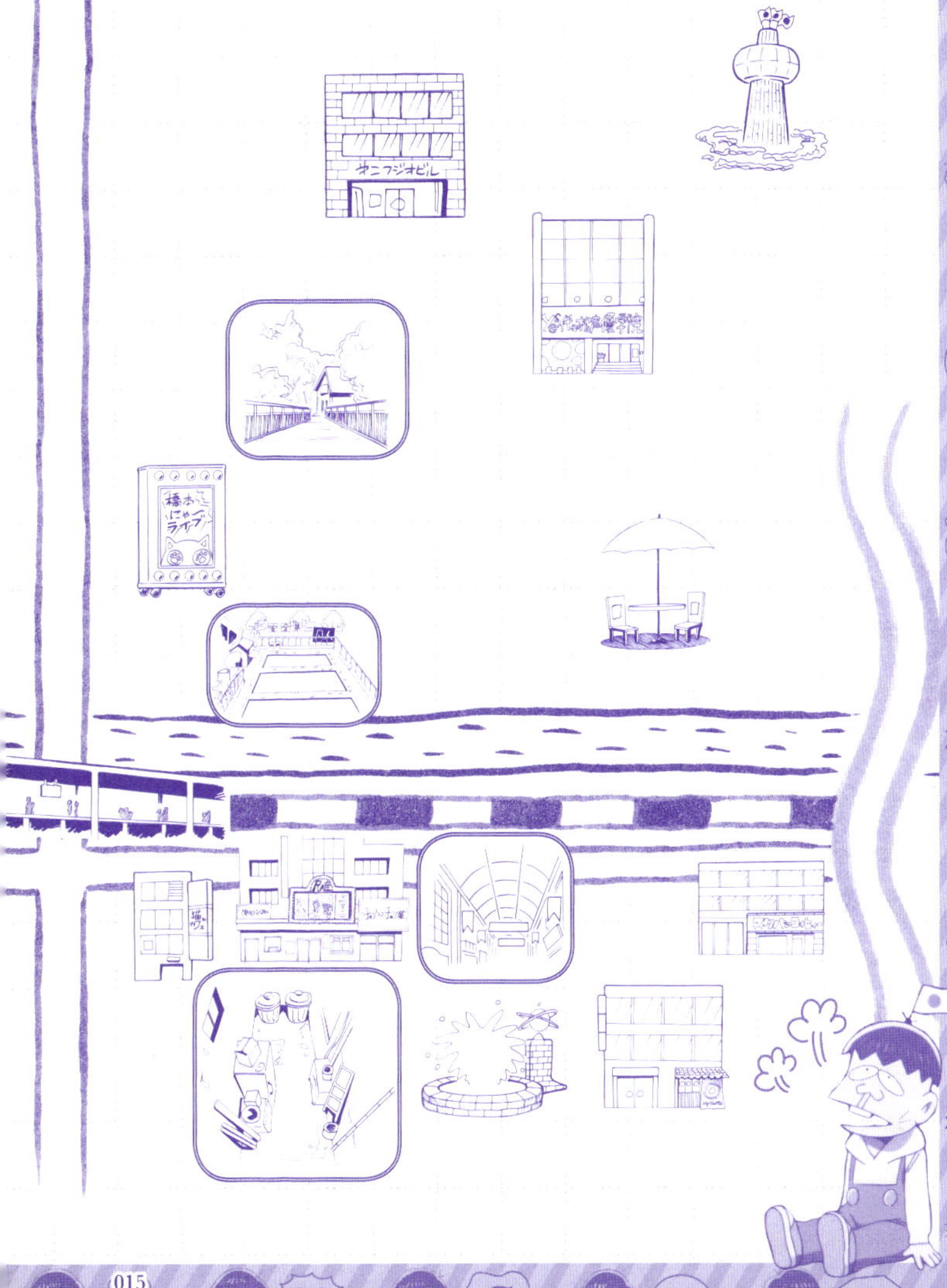

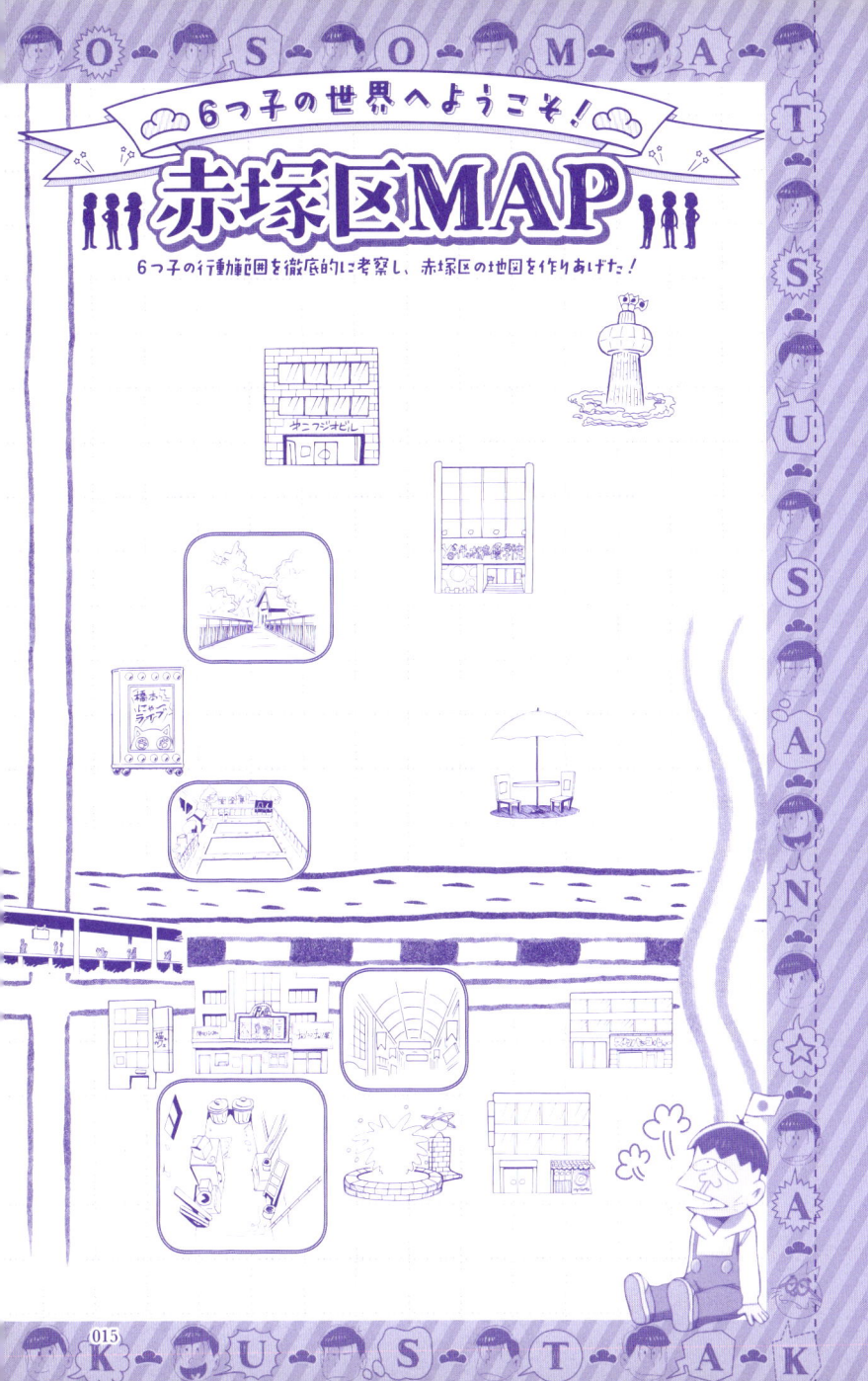

解説つき

6つ子の世界へようこそ！赤塚区MAP

Akatsuka-Ku MAP

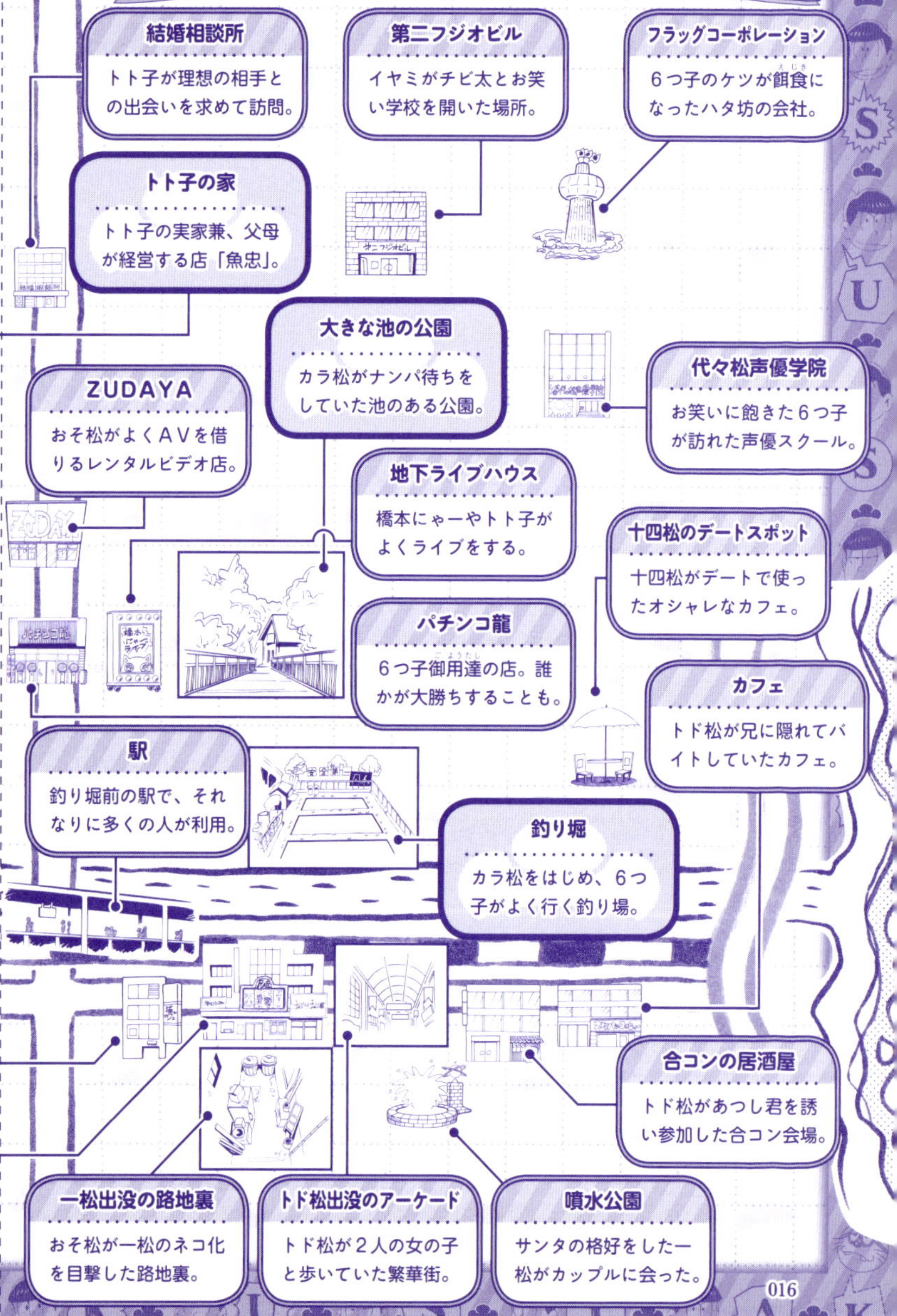

結婚相談所
トト子が理想の相手との出会いを求めて訪問。

第二フジオビル
イヤミがチビ太とお笑い学校を開いた場所。

フラッグコーポレーション
6つ子のケツが餌食《えじき》になったハタ坊の会社。

トト子の家
トト子の実家兼、父母が経営する店「魚忠」。

大きな池の公園
カラ松がナンパ待ちをしていた池のある公園。

代々松声優学院
お笑いに飽きた6つ子が訪れた声優スクール。

ZUDAYA
おそ松がよくAVを借りるレンタルビデオ店。

地下ライブハウス
橋本にゃーやトト子がよくライブをする。

十四松のデートスポット
十四松がデートで使ったオシャレなカフェ。

パチンコ龍
6つ子御用達《ごようたし》の店。誰かが大勝ちすることも。

カフェ
トド松が兄に隠れてバイトしていたカフェ。

駅
釣り堀前の駅で、それなりに多くの人が利用。

釣り堀
カラ松をはじめ、6つ子がよく行く釣り場。

合コンの居酒屋
トド松があつし君を誘い参加した合コン会場。

一松出没の路地裏
おそ松が一松のネコ化を目撃した路地裏。

トド松出没のアーケード
トド松が2人の女の子と歩いていた繁華街。

噴水公園
サンタの格好をした一松がカップルに会った。

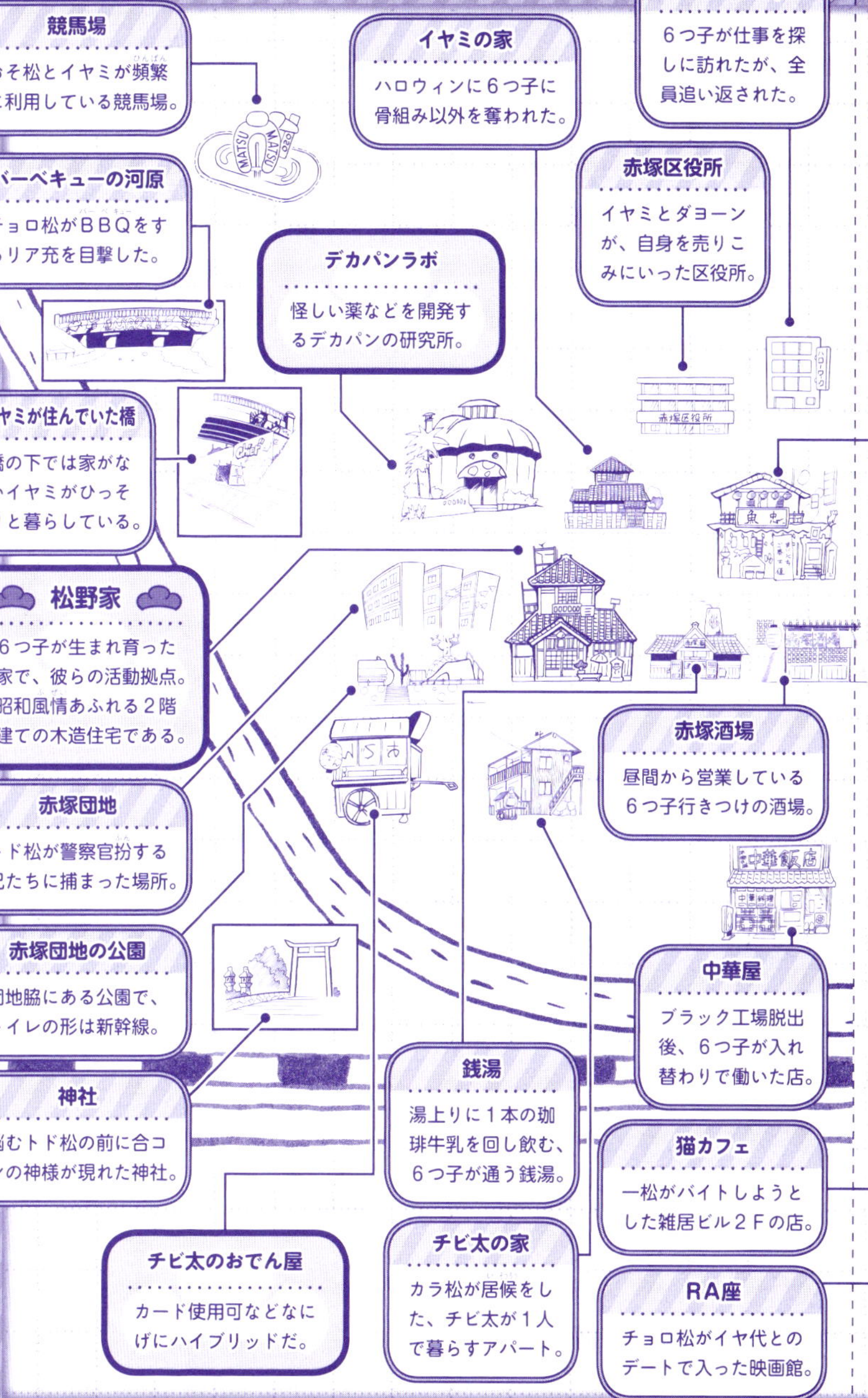

競馬場

おそ松とイヤミが頻繁《ひんぱん》に利用している競馬場。

バーベキューの河原

チョロ松がＢＢＱ《バーベキュー》をするリア充を目撃した。

イヤミが住んでいた橋

橋の下では家がないイヤミがひっそりと暮らしている。

松野家

６つ子が生まれ育った家で、彼らの活動拠点。昭和風情《ふぜい》あふれる２階建ての木造住宅である。

赤塚団地

トド松が警察官扮《ふん》する兄たちに捕まった場所。

赤塚団地の公園

団地脇にある公園で、トイレの形は新幹線。

神社

悩むトド松の前に合コンの神様が現れた神社。

チビ太のおでん屋

カード使用可などなにげにハイブリッドだ。

イヤミの家

ハロウィンに６つ子に骨組み以外を奪われた。

デカパンラボ

怪しい薬などを開発するデカパンの研究所。

銭湯

湯上りに１本の珈琲牛乳を回し飲む、６つ子が通う銭湯。

チビ太の家

カラ松が居候《いそうろう》をした、チビ太が１人で暮らすアパート。

ハローワーク

６つ子が仕事を探しに訪れたが、全員追い返された。

赤塚区役所

イヤミとダヨーンが、自身を売りこみにいった区役所。

赤塚酒場

昼間から営業している６つ子行きつけの酒場。

中華屋

ブラック工場脱出後、６つ子が入れ替わりで働いた店。

猫カフェ

一松がバイトしようとした雑居ビル２Ｆの店。

RA座

チョロ松がイヤ代とのデートで入った映画館。

USAN☆
STAMOSOS☆P
AMUKA
MATSU
MATSU
020
ハローワーク
赤塚区役所
結婚相談所
Chief
魚忠
ZUDAYA
パチンコ龍
中華飯店
中華料理
俺たちの行動範囲はこんな感じかな！

おそ松さん
公式考察本
おそダス
「おそ松さん」研究所　シェー英社支部編

はじめに

TVアニメ『おそ松さん』を初めて見た時の衝撃《しょうげき》はものすごいものだった。「ここまでやるのか…!」という驚きを受け、2回目…3回目…と追いかけていた。よくわからないシュールな回、ブラックユーモアがつまっている回、ほのぼのとする回、ギャグの回、1話1話がまるでジェットコースターに乗っているような勢いだった。

見終わった後はいつも気持ちのいい満足感があった。最初はまったく見分けがつかなかった6つ子も、5話くらいすると判別できるようになり、見分けることができるということが快感のひとつになる。

そこからは、もう6つ子の沼に真っ逆さまだ。

ニートを極めすぎているおそ松兄さんはカッコよく見えてくるし、イタすぎるカラ松のイタいところ以外を見ると、あれ? 案外一番まとも…? と思ったり、チョロ松は常識人でツッコミ役だったはずなのに、だんだん自意識ライジングしていく様が恐ろしい。一松は闇を抱えていそうな見た目だが、ネコになったりコスプレしたり、ギャップにやられる。十四松は異常さを感じつつ、もしかしてかなりのハイスペック!? と思えてきたり。トド松は末っ子ってこうだ

よね！　と思わせる、あざとかわいさが際立っていた。
ニートで童貞でダメ人間だから、こんな人になってはいけない、なりたくない…はずなのだが、共感できるところがたくさんある6つ子の飛び抜けたキャラクターに、憧《あこが》れを抱かざるをえないのだ。

6つ子のキャラクターに取り憑《つ》かれ、6つ子のことを隅《すみ》から隅まで知りたくなってくる。そうして、いつの間にか我々は『おそ松さん』の考察を始めていた。この行動にはどんな意味があるのか…、ここでこの2人が一緒にいるのはなぜなのか…、こいつはいったいなにを考えているのか…などなど。

そんな中、我々に、なんと公式な許可を得て考察ができるとの連絡が入る…!!　そうして、「おそ松さん」研究所 シェー英社支部が発足し、公式に見守られながら、もうそ…想像を膨《ふく》らまし、論議を交わし、謎に対しての結論を導き出してきた。

我々が生み出した、謎66コに対する渾身《こんしん》の考察をご賞味あれ!!

CONTENTS

「おそ松さん」公式考察本『おそダス』もくじ

OSODAS

Osomatsusan

chapter1

は・じ・め・て・の……♥「おそ松さん」

謎を考察する前に、６つ子をはじめ個性豊かなキャラクターたちをおさらい！　１話しか登場していないキャラクターも要チェック!!

長男

松野おそ松

は・じ・め・て・の…♥

Osomatsusan

楽しけりゃいい！リーダー気取りの6つ子の長男

Osomatsu

競馬やパチンコを愛し、お金にはとことん貪欲《どんよく》。一発当てて「ビッグになる」という夢をいつまでも追いかけるメンタル小学生。長男ゆえリーダー気取りで弟たちを気遣う一方、構《かま》われないとすぐに拗《す》ねる。個性が強すぎる弟たちの中で、ニートの王道を極めた存在。それがおそ松兄さんだ！

☆6つ子を見分ける！

☆顔の特徴

アホ毛は2本！

ぴょんと飛び出た2本のアホ毛は、カラ松や一松、トド松と同じ。髪型もオーソドックス。

赤みがかった髪

他の兄弟たちに比べ、髪が赤みがかっている。おそ松と他の兄弟を見分けるポイントのひとつだ！

全体的にオーソドックス

外見は兄弟たちのアベレージを取ったようにスタンダード。おそろいのパーカーを着ていることが多い。

「希望はビッグっす！あとカリスマ！レジェンド！人間国宝！」

CV

櫻井孝宏《さくらいたかひろ》

Profile

誕生日：5月24日
星座：双子座
愛称：おそ松、おそ松兄さん、長男
イメージカラー：赤
趣味：競馬、パチンコ
好きなつまみとお酒：飲みの序盤で炭水化物、ビール

Karamatsu

次男 松野カラ松

は・じ・め・て・の…♥ Osomatsusan

CV 中村《なかむら》悠一《ゆういち》

とにかくイタい！なにがあってもブレないナルシスト次男

自分をいかにカッコよく見せるかに心血をそそぐ次男坊。兄弟たちからとことんスルーされる致命的な〝イタさ〟について、本人はまったくの無自覚。だが、年功序列《ねんこうじょれつ》を重んじたり自分のこと以外は意外と冷静な判断を下せたりするので、実は兄弟の中で一番常識人では…という説もある!?

「静寂《せいじゃく》と孤独…己《おのれ》との戦い…
終わりなき試練…
やがて俺は
立ち上がることもできず」

☆6つ子を見分ける！
☆顔の特徴

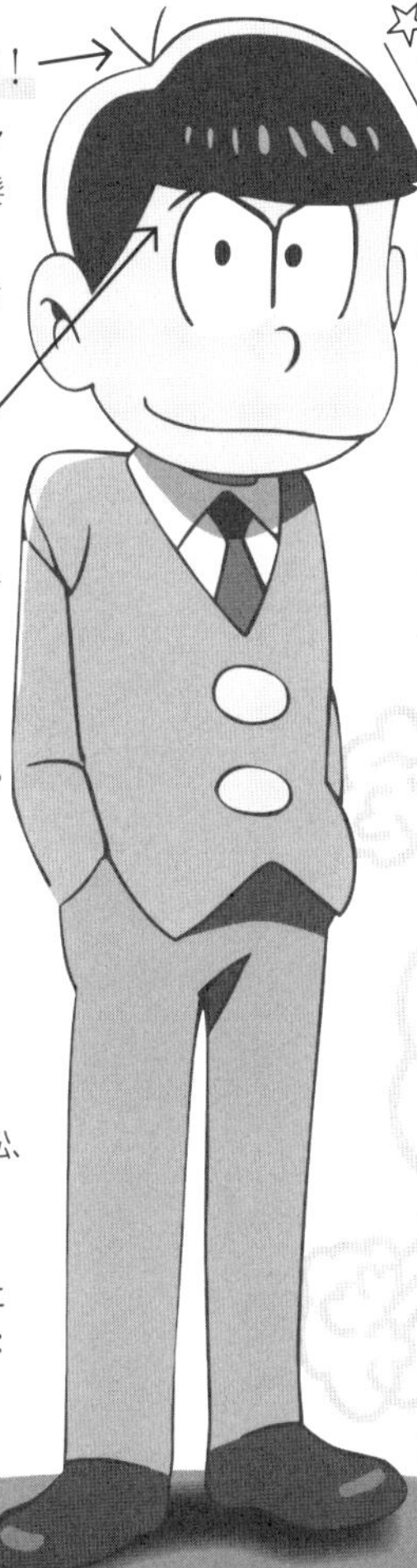

アホ毛は2本！

スタンダードにアホ毛は２本。前髪はやや立たせて、クールな雰囲気を演出している。

凛々《りり》しい顔

カラ松のスタンダードな表情。自分が〝カッコいい〟ことを確信しているので、自信満々。

眉は太め

普段はサングラスの下に隠れている、キリリとした目元と太めの眉毛。己を信じる強い精神力とイタさの象徴。

Profile

誕生日：5月24日
星座：双子座
愛称：カラ松、カラ松兄さん、クソ松、クソ松兄さん
イメージカラー：青
趣味：カッコいいこと
好きなつまみとお酒：唐揚げ、ウイスキー、（実は麦茶）

三男 松野チョロ松

CV 神谷浩史《かみやひろし》

は・じ・め・て・の…♥ Osomatsusan

Choromatsu

ツッコミ役だけど実は誰よりもライジング！ ドルオタ三男

無職であることを兄弟の中で唯一問題視しており、マトモな発言をする。だが〝自分が一番常識人〟と思いこんでいるところが大問題。〝意識高い系〟を通り超した〝自意識ライジング〟を連発し、兄弟から呆《あき》れられている。一見〝常識人〟の正体は、女の子には滅法《めっぽう》弱い単なる童貞アイドルオタク。

☆6つ子を見分ける！ 顔の特徴

アホ毛はナシ！

6つ子の特徴であるアホ毛が、唯一ない。身だしなみは一応それなりに整えているようだ。

黒目が小さい

6つ子の中でもっとも黒目が小さいチョロ松。小さい瞳孔《どうこう》に燃えるような危うさを秘めている!?

口はへの字

大きな口元はたいていへの字に結ばれている。女の子が絡《から》むと、途端《とたん》にポンコツ化し、口元が緩みまくりに。

「落ち着けよお前ら…今川焼きで死人を出すわけにはいかん!!」

Profile

誕生日：5月24日
星座：双子座
愛称：チョロ松、チョロ松兄さん、チェリー松、シコ松、シコ松兄さん、自家発電三郎、チョロシコスキー、ライジングシコスキー
イメージカラー：緑
趣味：アイドルの追っかけ
好きなつまみとお酒：おでん、やきとり、梅酒、ウーロンハイ

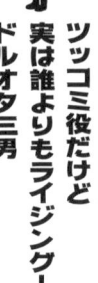

Ichimatsu

四男 松野一松

はじめての…♥ Osomatsusan

ネコが友だち！ 毒舌に隠された寂しがり屋四男

マイペースで、やる気のなさがにじみ出た四男。休日になるとネコと戯《たわむ》れ合体！ また自分のペースが乱されるとパンツを脱ぎ出す奇行に走るアブナイ奴《やつ》。一見、孤独を好むようだが極度の寂しがり屋。猜疑心《さいぎしん》が強いため人との距離感が摑《つか》めず、一緒にいて気楽なネコや十四松と行動することが多い。

6つ子を見分ける！ 顔の特徴

アホ毛は2本！ 髪の毛ボサボサ

頭で見分けがつきやすい。外見にとらわれず、ありのままの自分を見てもらいたがる。

基本が猫背

猫背はネガティブ心理の表れ。誰かに裏切られることを恐れるゆえ、保身的な姿勢となる。

眠そうな目

人の気持ちや言動を気にしがち。眠そうな目は本音を閉ざし、相手の裏表を探っている？

「クズです、ゴミです、生きる気力のない燃えないゴミ。あ、燃えないゴミっていう表現いいな。書いとこ」

Profile

誕生日：5月24日
星座：双子座
愛称：一松、一松兄さん、闇松兄さん、猫松、一松様、一松博士
イメージカラー：紫
趣味：ネコ
好きなつまみとお酒：延々と手羽先、ドクペ

CV 福《ふく》山《やま》潤《じゅん》

Jyushimatsu

五男 松野十四松

は・じ・め・て・の…♥ Osomatsusan

CV 小《お》野《の》大《だい》輔《すけ》

ジャンルは「十四松」！ 人知を超えたハイテンション五男

触手《しょくしゅ》、分裂、液体噴出…。人知を超えた力を秘めた、ハッスル五男。食事も風呂も遊びもハイスピード、常にハイテンションを見せる十四松。一方で「僕の銘柄《めいがら》がっ…粉飾《ふんしょく》決算…っ。ストップ安…!?」と電話で言い残しどこかへ消えるなど、ただのバカではなさそうなんかスゴイ奴《やつ》だ。

☆6つ子を見分ける！☆顔の特徴

アホ毛は1本！

6つ子の特徴であるアホ毛は1本。アンテナのようにぴょんと伸びてなにかを受信!?

焦点が合わない目

左右非対称に動く目は、なにを考えているのか理解不能！　計り知れないものを宿している!?

いつも開いている口

ぽっかり開いた口、固定された笑顔こそ十四松の証《あかし》！
閉じようとしても、すぐに開いてしまう。

「しょくしゅ!? これ!? あ！ うん、触手のこと！ わーい！ できるよ触手！」

Profile

誕生日：5月24日
星座：双子座
愛称：十四松、十四松兄さん、好き勝手ボーイ
イメージカラー：黄
趣味：野球
好きなつまみとお酒：つまみはなんでも「ウマイ!」 飲み物はハイボール、グレープフルーツジュース

Todomatsu

6つ子の希望の星!?
あざとかわいい
ドライモンスターな末っ子

家では甘え、外では知らんぷり…典型的な〝末っ子〟気質のトド松は、かわいさを利用するあざとい奴《やつ》。兄弟の中で唯一スマホを持ち、女の子とまともに接している。兄たちから〝ドライモンスター〟と呼ばれている。リア充に一番近いが故、兄たちに気を遣って、自分のことを話さないのかも…?

「わかった。正直に言うよ…僕は、兄さんたちの存在が恥ずかしい」

末っ子

松野トド松

は・じ・め・て・の…♥ Osomatsusan

CV 入《いり》野《の》自《み》由《ゆ》

6つ子を見分ける! 顔の特徴

黒目が大きい

上目づかいに誰かを見つめることが多い。自分をかわいく見せる方法を、心得ている。

アホ毛は2本!

兄3人と同様にアホ毛は2本。よくオシャレな服装をしているが、実はマネキンコーデ。

口が小さい

口元でも、かわいさアピールは忘れない。表情からもあざとかわいさがにじみ出ている。

Profile

誕生日:5月24日
星座:双子座
愛称:トド松、末っ子、トッティ、ドライモンスター
イメージカラー:ピンク
趣味:女の子とデート
好きなつまみとお酒:アボカド、チーズ、カルーアミルク、カシオレ

ヒロイン

弱井トト子

CV 遠藤《えんどう》綾《あや》

6つ子のアイドル！ 超絶かわいい 腹黒ヒロイン!!

6つ子いわく超絶かわいい自慢の幼なじみ。実家は魚屋「魚忠」。有名になってチヤホヤされたいという夢を持っている。夢を叶《かな》えるためならば手段は選ばず、魚アイドルや半魚人、ロボにもなっちゃう、自身も認めるどミーハー！　だが、魚にはこだわりが強そうだ。必殺技はボディブロー!!

「私はトト子～♡ 見ての通り超絶カワイイの♡ 庶民とは違うのよね」

似合うとわかればそれ1本！ カチューシャ×ふたつ結び

かわいいなら年齢なんて関係なし！ カチューシャと髪に結んだ黄色いリボンがキュート。

王道 キュートファッション

トト子と言えばこのスタイル!!　ピッタリめのトップスに、チェックのミニスカートが超まぶしい！

やっぱりかわいい！ プロポーション抜群!!

輝く瞳にスラリと伸びた脚！ 庶民とは一線を画するスタイルに街ゆく人は目が釘《くぎ》づけ!?

女子力高めの ピンクパンプス

普段はもちろん、どんな時でもヒールはかかさない…これぞ女子力高めの証《あかし》！

はじめての…♥ Osomatsusan

6つ子の親友!?

イヤミ

CV 鈴村健一《すずむらけんいち》

胡散臭《うさんくさ》さNo.1のフランスかぶれ!!

自称フランス帰り…だが、一度もフランスにいったことはない、すべてがウソくさい男。6つ子とは親友らしいが、おそ松とトド松を間違うなど、いまだに誰が誰なのかを区別できない。主役だったかつての栄光(?)が忘れられず『おそ松さん』での出番が減ったことに不満を持っているようだ。

「このようにびっくりする様な状況の時はこのギャグ。シェエェエェエェェェエェェエェエ!」

最先端ヘアーセット!?

おフランスを意識してなのか、普段は前髪をそろえ横髪は内巻きにきっちりまとめている。驚いたときは、髪が逆立つようだ。

希少金属!? 3本の出っ歯

石で欠けるほど実はもろい!?　しかし、その歯は新種のレアメタル「イヤメタル」だと判明。

いつでもスーツ!!

紫の奇抜な色のスーツと立て襟《えり》で、紳士なオシャレをきどってる…!?

驚いた時はシェーポーズ!!

絶好調の国民的ギャグ「シェー!」。その際に見える伸びきった靴下は超臭いらしい。

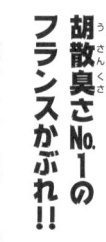

は・じ・め・て・の・・・♥ Osomatsusan

6つ子の相談役!?

チビ太

CV 國立幸《こくりゅうさち》

エネルギッシュに屋台を引っ張る！
心優しいおでん屋さん!!

Wi・Fiが繋《つな》がり、カード決済もできる！　ハイブリッド屋台を営むチビ太。おでん一筋で、おでんのことを話し出すと止まらず、その熱弁ぶりはカラ松が逃げ出すほど。ニートの6つ子が屋台で飲み食いした勘定を、なんだかんだ言ってツケにしてあげている。口は悪いが心優しい性格。

「飲みすぎだバーロー。てめぇらちゃんと払う金持ってんだろうな」

坊主頭に髪の毛1本！

日に焼ける夏だって寒い冬だって…そんなの関係なし!!　おでんと一緒でどんな時もこの髪型一筋。

両頬に3本線

丸い顔の両頬の特徴的な3本線。それは傷なのかアザなのか。はたまたメイクなのか…。いまだに謎のままだ。

口癖は「バーロー、チクショー」

普段はべらんめえ口調。しかし、枯れかけた花に水をやったり、おそ松の愚痴《ぐち》を聞いたりと優しい心の持ち主だ。

身長は低め

おでん屋として屋台を引いたり、時には誘拐犯にもなる。小さい体ながら内に秘めた力は無限大。

いろんな薬を開発中！
物腰優しい
パンツなおじさん!!

常にパンツ一丁の変なおじさん。なにかの博士らしい。〝美女薬〟や〝気持ち薬〟を開発し、さらには新種のレアナタル〝イヤナタル〟を発見したりと科学者としての腕は優秀。一方でブラック工場の所長を務めたり、チアガールになってみたりと、さまざまな顔を持ち合わせているようだ。

なにかの博士

デカパン

CV 上田燿司《うえだようじ》

は・じ・め・て・の…♥ Osomatsusan

「ホエ〜、どちら様だス？」

ゆったりまったり
口癖は「ホエホエ」

語尾に「〜だス」とつけることもある。性格は穏やかだが、時々己《おのれ》のキャラを捨てゲスな発言をすることも。

柔らかそ〜な
ぽっちゃり体型

ぷにぷにもっちりな容姿。大きいお腹はとっても柔らかそう。スゴイ発明はもしかしたらここから生まれているのかも!?

中は異次元な
しましまパンツ

水筒から注射器までなんでも出てくる超ビッグサイズのストライプパンツ。噂《うわさ》では同じ物を、何枚も所有しているらしいが…。

基本は裸にパンツ
一丁の変態スタイル

どこにいくにも、パンツ１枚！　そのため不審者に間違われてしまうこともあるようだ。

は・じ・め・て・の…♥
Osomatsusan

謎の
おじさん

ダヨーン

CV 飛《と》田《た》展《のぶ》男《お》

複数人存在している!?
正体不明の
謎のおじさん!!

異常に大きな口に、妙な口癖「だよ〜ん」…。なにをとっても怪しく謎な存在…まさに〝怪人〟である。「シェー」の練習に付き合ってあげたり、一緒に旅に出たりと、イヤミやデカパンと行動をともにすることが多い。時々みせる〝ブラック〟な一面も、彼の魅力のひとつなのかもしれない…。

「楽しくドライブするよーん」

謎の口癖「だよ〜ん」
語尾につけてみたり、「だよ〜ん」だけでデカパンと会話をしてみたりと、使い方はさまざまなようだ。

たれ目が特徴的な大きい顔
これ以上ないほど垂れている目に、クルクルに生えた濃いヒゲ。一度見たら忘れられない強烈な顔!!

まるでブラックホールな口!?
周りのものをすべて吸いこみさらに人間までも吸いこんでしまう。なんとも恐ろしい大きな口。

きっちり着こなすスーツ
すべてが変なのに、服装だけは割ときっちり。そのミスマッチ感が、なんだかすごく怖い…。

6つ子の幼なじみ

ハタ坊

は・じ・め・て・の…♥

Osomatsusan

CV 斎《さい》藤《とう》桃《もも》子《こ》

ひと言で5億ドルを稼ぐ億万長者!!　その名も〝ミスター・フラッグ〟!!

頭に1本の旗をなびかせている、6つ子の幼なじみ。商売の才能があるらしく、一瞬で5億ドルを稼ぐこともある億万長者で〝ミスターフラッグ〟と呼ばれている。6つ子をイヤミのために誕生日会に誘ったり、お百度参りをしたりと無邪気で優しいが、実はダークで怖い一面もあるらしい。

「やったじょ～！ みんな来てくれたじょ～、嬉《うれ》しいじょ～」

頭でゆれる1本の旗

頭にざっくりと突き刺さった旗。走ったり飛んだり、どんなに動いても抜けることはない。もはや、体の一部となっているのだろうか。

口癖は「ダジョー！」

語尾に「じょー」をつけて話す。6つ子のお尻に旗を刺す時も、部下に裏切られた時も、いつもと同じ口調で平然と話す。

←幼さが残るカジュアルスタイル

豪華客船でお金をばらまいたりと豪遊しているハタ坊。しかし服装は変化なし。この服がお気に入りなのかも？

チャームポイント!? 1本だけの前歯

最初から1本だけだったのか、それとも抜けてしまったのか。その真実を知る人はいない。

6つ子をとりまく 愉快なキャラたち

強烈すぎる個性を持った、6つ子の日常を盛り上げる彼らを紹介！

橋本にゃー

ネコをモチーフにしているチョロ松の神推《かみお》しアイドル。愛称は「にゃーちゃん」。

第2話　おそ松の憂鬱他

アイダ

カラ松がナンパ待ちをしていた女の子。カフェでサチコとアルバイトをしている。

第2話　おそ松の憂鬱他

サチコ

カフェでアルバイトするアイダの友人。同じくカラ松がナンパ待ちをしていた。

第2話　おそ松の憂鬱他

じぐ蔵

仮面をつけチェーンソーを持つ男。トド松に演劇部の主役を奪われた恨みがある。

第3話　こぼれ話集「OSO」

サングラスを頭にかけてる女の子

チョロ松が遭遇《そうぐう》したＢＢＱ《バーベキュー》を楽しむ大学生。トド松とあつしくんの合コン相手。

第3.5話　童貞なヒーロー他

トト子の父親

魚屋「魚忠」を経営。外車を乗りこなし、嫉妬《しっと》を知らないトト子を諭《さと》す一面も。

第4話　トト子なのだ他

聖澤《ひじりさわ》庄之助

ニューおそ松兄さんとして登場したり、イヤミカートで主役の座を摑《つか》んだり、至る所に出没する謎のおじさん。十四松は家宝にしたいらしい。

第2話　デリバリーコント　本当は怖いイソップ童話他

松野松造

6つ子の父親。松野家の大黒柱であり稼ぎ頭。センバツ出場を決めた6つ子を戸惑いながらも見守りつつ、センターの守備位置についていた。

第4話　自立しよう他

松野松代

6つ子を産んだ偉大な母親。我が子を「ニートたち」と呼んでいる。孫や安定した介護に惹《ひ》かれていることから、老後の心配はしている模様。

第4話　自立しよう他

十四松の彼女

瀕死《ひんし》の十四松を救った女の子。笑い過ぎて酸欠になるほど十四松のギャグが好き。

第9話　恋する十四松他

彼氏くん

クリスマスにデートしていたカップルの彼氏。後に行き倒れそうな一松を助けた。

第11話　クリスマスおそ松さん「ブラックサンタ」他

彼女ちゃん

クリスマスにデートしていたカップルの彼女。後に行き倒れそうな一松を助けた。

第11話　クリスマスおそ松さん「ブラックサンタ」他

サンタクロース

良い子へプレゼントを配っている最中、トナカイと一緒に十四松に捕獲される。

第11話　クリスマスおそ松さん「十四松とサンタ」

実松《さねまつ》

冴えない中年サラリーマン。同じ顔の弟が5人いると思われていたが、幻だった…。

第13話　実松さん

花の精

道端に咲いていた花の精。水を貰《もら》った恩から、命が尽きるまでチビ太の側《そば》にいた。

第15話　チビ太の花のいのち他

ドブス

カラ松がブランデーをかけた毒草。顔も性格もドブスでカラ松に無茶振りをする。

第15話　チビ太の花のいのち

トト子の母親

魚屋「魚忠」を経営しており、そこそこ儲《もう》かっている様子。店の外で接客もする。

第4話　トト子なのだ他

エスパーニャンコ

〝気持ち薬〟で人の心を理解し、副作用で人の言葉を話せるようになったネコ。

第5話　エスパーニャンコ他

フラッグコーポレーションの社員（男秘書）

ハタ坊の元で働く青年。十四松とカラ松を間違えて、バズーカの餌食《えじき》となった。

第6話　おたんじょうび会ダジョー他

フラッグコーポレーションの社員（女秘書）

ハタ坊の元で働くメガネ美女。十四松を失禁させてしまい、自らバズーカを放つ。

第6話　おたんじょうび会ダジョー他

フラッグコーポレーションの社員（老秘書）

ハタ坊の元で働く老人。十四松と一松を間違えたため、同僚にバズーカを撃たれる。

第6話　おたんじょうび会ダジョー

フラッグコーポレーションの社員（社員A）

ハタ坊の元で働く金髪の青年で複数人存在する。6つ子のケツに刺す旗を運んだ。

第6話　おたんじょうび会ダジョー他

フランス大統領

イヤミをフランスに招待し、イヤメタルを手に入れようとするが失敗に終わった。

第6話　イヤミの大発見

ダヨーン族(長老)

ダヨーンの体内に住む民族の長《おさ》。ダヨーン族の娘の結婚式で謎の舞を踊っていた。

第23話　ダヨーン族

ダヨーン族(娘)

ダヨーン族の娘。胃薬を渡したのをきっかけにチョロ松と結婚しようとしていた。

第23話　ダヨーン族他

ブス美

トト子の学生時代の友人で、1児の母。SNSを通して同級生と繋《つな》がっている。

第24話　トト子大あわて

石油王

婚活パーティーに来た本物の石油王。魚の臭いが嫌いでトト子にブッ飛ばされる。

第24話　トト子大あわて

会社の先輩

チョロ松が就職した羽田楽《はたらく》会社の先輩社員。営業先にチョロ松を紹介していた。

第24話　手紙

コーチ松

センバツでリベンジを決めた6つ子を鍛《きた》えたコーチ。1年後には他界していた。

第25話　おそまつさんでした

第4銀河大附属高校(ピッチャー)

松野家のセンバツ決勝相手。ビームを出して6つ子たちを倒し、優勝を摑《つか》み取った。

第25話　おそまつさんでした

神松

6つ子の〝人としてのイイ部分〟から生まれた、神のごとく清らかな7人目の松。

第21話　神松他

悪松

6つ子の〝人としてのクソな部分〟の集合体。神松を潰《つぶ》し、6つ子の中へ戻った。

第21話　神松

あつしくん

トド松の友人。見た目も悪くなく、お金も車も持っている。いわゆる一軍の人間。

第22話　希望の星、トド松

合コンの神様

合コンに誰を誘うか悩んでいたトド松の前に現れた神。助言を授けて去っていった。

第22話　希望の星、トド松

師範代

アカーツカの武人。伝説の奥義〝シェー〟を極める人材としてイヤミをスカウト。

第22話　ファイナルシェー

シャオリン

師範代の娘で、過酷な修行に励むイヤミを支えた。実は夫と子供がいる既婚者。

第22話　ファイナルシェー

陳々

アカーツカ武術大会に参加した屈強な男。1回戦でイヤミをかなり追いつめた。

第22話　ファイナルシェー

chapter 2

謎松 1〜18

第2話
『デリバリーコント 本当は怖いイソップ童話』

謎松1

カラ松が魚にしたためた手紙の内容は…？

第2話『デリバリーコント 本当は怖いイソップ童話』で、カラ松とトド松が並んで釣り堀に糸を垂らしている。この時点ですでにカラ松は態度、格好、セリフ…そのすべてにイタさを炸裂《さくれつ》させて、トド松のツッコみも休む暇がない！ そして、カラ松が釣りの餌《えさ》としてつけていたのは、なんと手紙。しかも封の部分にハートが付いた、**イタすぎる〝ラブレター〟**だった！

ナチュラルナルシスト、それが次男・カラ松！ 彼は第2話だけでなく第10話『イタいって何だ？』での釣りでも餌に手紙をつけている。相当自信がある手紙のようだ…釣れないけど。それにしてもこの手紙、具体的にはなにが書かれていたのだろう？ 知りたいような、知りたくないような…。

説1 「アイラブユーフォーエバー」

カラ松は「魚に愛をしたためた」と言っているので、外見通りラブレターなのだろう。普段の言動からすれば**イターいポエム**などが書かれているのは想像に難《かた》くない。肝心のその内容は…手がかりになるのが、手紙の代わりに出した〝バラの花束〟。その花言葉から推測してみよう。バラの花言葉は、色や本数で意味が変わる。カラ松の持っている〝赤いバラ〟は、〝情熱、愛情〟などを意味する。本数は映像で見る限り〝9本〟。その意味は〝いつも（いつまでも）一緒に〟だ。このふたつの花言葉を総合し、そしてナルシズムをたっぷり振りかけると、その内容はおそらく――

「アイラブユー（溜《た》め）フォー（溜め）エバー」

…アイタタタタタタタ!!

説2 〝好きな魚料理〟について書いてある

いや、ストレートに〝愛してる〟とは書かないかもしれない。第22話『希望の星、トド松』の合コンオーディションでもカラ松は、トド松を口説《くど》くはずが「合コン。それは人生の縮図なんだ」と合コンについて語るだけ。**しかも中身無し。**

そんな風に魚への愛をズレた感じで書いているとすれば…〝好きな魚料理〟が書いてある可能性も。希望の職種を聞かれて「静寂《せいじゃく》と孤独」と表現するだけに、〝熱い情熱のバーニング〟（焼き魚）とか、ポエミーなイタい表現に変換されているかも。

おそ松さん研究所の結論

イタくて薄っぺらい内容なのは間違いない

謎松 2

就活帰りの居酒屋でカラ松と一松が飲んでいたのは？

第2話『就職しよう』

第2話
『就職しよう』

6つ子がそろいもそろってニートであることがフィーチャーされた第2話『就職しよう』。6つ子はハローワークで全員が全員ろくでもない受け答えをした帰りに、ひとつも仕事が決まってないのに居酒屋で飲み始める…。

そこでの6つ子の会話をよくよく聞くと、チョロ松が「俺は午後からもいくよ」と言ってることからまだ昼、ヘタをすれば**午前中から飲んでいる可能性もある。**ダメ人間過ぎる…！

初めて兄弟の性格や関係性が窺《うかが》えるこの場面で、ちょっと気になるのは彼らが飲んでいるもの。おそ松、チョロ松、十四松、トド松の4人はビールだが、カラ松と一松の2人は、明らかに違うものを飲んでいる。ふたつともどうも同じもののようだけど、いったいなにを飲んでいるのだろうか…？　その気になる2人のグラスをよく見ると…小さなコップの中に透明な液体と氷が入っている。いきなり結論を出すのもなんだが、これはアルコールではなく、〝お冷（水）〟である可能性が高い。2人とも顔が赤いので、他の兄弟のようにすでになん杯かビールを飲んだ後なのだろう。その後の一松の酔いつぶれ方を見ると、再び飲み始めているようなので、この時はいったん水に切り替えて休んでいたのかもしれない。

　なぜそう言えるのか。2人はそろってお酒にそれほど強くないと思われる節《ふし》があるからだ。たとえば、公式プロフィールの〝好きなお酒〟の項目を見ると、**カラ松は〝ウイスキー（実は麦茶）〟、一松は〝ドクペ〟**と、2人だけはどちらもお酒じゃない。また、第5話『カラ松事変』で6つ子がそろってチビ太の屋台で飲んでいるところを見ても、2人のグラスはあまり減っていなくて、一松にいたってはちびちび舐《な》めるように飲んでいる。もちろん普通に飲んでいる場面もあるので、まったく飲めないわけではないけど、2人はあまりお酒を飲むタイプではないのかも。特に一松は、この飲みの帰りに酔いつぶれてカラ松におぶわれているので、結構お酒に弱いのではないだろうか。一方、カラ松は第23話『ダヨーン族』でおそ松、チョロ松と日本酒を飲んでいたので、一松ほどには弱くはなさそうだ。もしかしたら、この回のように酔いつぶれた兄弟を介抱するためにセーブしてるとか…？

　それにしても、普段は正反対のように見える2人なのに、**同じタイミングで、同じものを飲んでいる**のが興味深い。

おそ松さん研究所の結論

お冷（水）

謎松 3

おそ松が選んだ日本酒には、意味が隠されている？

第2話『就職しよう』

第2話『就職しよう』で6つ子はハロワ帰りに居酒屋に寄る。「このままじゃ俺たち一生無職だよ」と言ったチョロ松に対しおそ松は「ん〜…よし決めた」と立ち上がったかと思いきや、「日本酒いっちゃおう！」と**残念な長男ぶりを発揮！**

この時おそ松が指差した貼り紙には〝純米酒「勝芝浜」〟とある。この銘柄《めいがら》、なにか意味がありそうだ…。なぜなら古典落語に『芝浜《しばはま》』というのがあり、話は、酒飲みで働かない魚屋の〝勝《かつ》〟が、大金を拾ったことから始まる。当分遊んで暮らせると、勝はまた大酒を飲むが、目を覚ますとお金がない。奥さんは夢でも見たのだろうというだけ。酒の飲み過ぎで夢と現実を間違えるまでになったのかと反省した勝は、それから酒を断ち真面目《まじめ》に働き出し、ついには店を構える。だがある日、奥さんは実は勝が寝ている間にお金を奉行所《ぶぎょうしょ》に届けていたと告白する。謝《あやま》る奥さんに勝は逆に真人間にしてくれたと、感謝する。頑張ってきた夫に奥さんは久しぶりの酒を勧めるが、「また夢になるといけねえ」と言って杯《さかずき》を置く——。

つまりおそ松が選んだのは、酒をやめて真面目に働いた男にちなんだ日本酒なのだ。これは**昼間から働かずに酒飲んでいる**おそ松たちに対する強烈な皮肉なのかもしれない…。

おそ松さん研究所の結論

働かずに酒を飲んでいる6つ子への皮肉

謎松4

ブラック工場がダヨーンを量産していたのはなぜ…？

第2話『就職しよう』

第2話『就職しよう』で居酒屋を出た後、おそ松たちはイヤミに出会う。イヤミの求人に飛びついた6つ子が派遣されたのは、その名も〝ブラック工場〟！　そこで6つ子は謎の単純労働を強いられる。作業しているものが組み合わさると、なんとダヨーンに！　そこは**ダヨーンの量産工場**だったのだ。

どういった方法でダヨーンが量産できるのかはさっぱりわからないが、所長のデカパンが発明したのならばなんでもアリだろう。それよりも、一番謎なのがその目的だ。ダヨーンを量産してどうしようというのか？　売れるとは思えないし…。

その手がかりは次の『おそ松の憂鬱《ゆううつ》』の回にある。よく見てみると、街のあちこちにダヨーンのような人物がいるのだ。握手会でチョロ松の前に並んでいたり、喫茶店にいたり、小さな子の手を引いていたり、中には**1か所に複数のダヨーンらしき者がたむろしている**場面も！　これは量産されたダヨーンたちではないだろうか。するとデカパン博士は量産ダヨーンを人間として街に放ち、溶けこめるのか実験しているのかもしれない。じゃあその実験はいったいなんのため…？　と言われると、さすがにデカパン博士の考えていることは計り知れない…。

おそ松さん研究所の結論

デカパン博士の実験。意味はわからない

謎松 5

ネコと合体した一松のトレーナーが変化したのはなぜ？

第2話『おそ松の憂鬱』

　兄弟に構《かま》ってほしくて、街をぶらつく長男おそ松が、弟たちの意外な一面を垣間見《かいまみ》る、第2話の『おそ松の憂鬱《ゆううつ》』。そこでおそ松は、周りを気にしながらビルのすき間に入る一松を目撃！　追ってみると、ネコを撫《な》でる一松の姿が。優しい一面を見ておそ松は駆け寄ろうとするが突然ネコを抱え上げた一松が光り、**ネコと合体！**　ビルを駆け上がり「ニャア〜」とひと声鳴いて姿を消した…。解釈不能の超展開におそ松は呆然《ぼうぜん》とする他ない。

　この時、合体によって顔や姿だけでなく、着ているトレーナーのロゴが〝DAT〟から〝CAT〟に変わっている。これは、ネコになったという意味とともに、〝D〟から〝C〟と1ランク高次元の存在になったという意味なのかもしれない。つまり、人間時のDATトレーナーは**〝自分はネコより下の存在〟**という意味で着ているのかも。

　以降、一松は第7話『4個』や第22話『ファイナルシェー』などでネコ化を見せるが、DATトレーナーを着ていないのでロゴの変化は確認できない。第24話『手紙』ではDATトレーナーを着ているが、変身することはなく、以降ネコ化もしていない。家を出ると決めた時にネコとお別れをしたために、変身能力を失ったのか!?　もう服のロゴが変わることもネコ化することもない…？

おそ松さん研究所の結論

ネコと融合することでより高次元の存在になった

謎松6

6つ子の寝る並び順はどうやって決まった?

第3話『寝かせてください』

第3話『寝かせてください』では、チョロ松が「明日早い」といって寝ようとするが、隣の十四松がモゾモゾ動いたり、寝相《ねぞう》が悪い(?)おそ松に殴られたり、トド松がトイレにいく時、起こされたりしてなかなか寝られない。

　そんなシーンをフィーチャーした回で、**6つ子の寝る並び順**が明らかになった。左から、一松、カラ松、トド松、おそ松、チョロ松、十四松。以降も寝るシーンが時々出るがどうもこの順番は固定のようだ。

　この順番を決める際、まず夜中のトイレに1人でいけない怖がりのトド松は真ん中を選ぶだろう。次に、6つ子の中心は俺!　とか思っていそうなおそ松も真ん中を選ぶ可能性が高い。また、部屋の隅《すみ》にいることが多い一松は左端《はし》を希望し、よく動きそうな十四松は兄弟一致で右端と決められた!?　あとの2人は、一松とトド松に挟まれるか、おそ松と十四松に挟まれるか。寝相で人を殴るおそ松と、よく動く十四松に挟まれるのは、キツそうだ…。カラ松がその位置にされそうな気がするが、毎日のことなので「安牌《あんぱい》」なトド松の隣を死守したのかも。チョロ松は仕方ないなと言っておそ松と十四松の間になったが、それが寝られない原因になってしまったのかもしれない。

おそ松さん研究所の結論

6つ子それぞれの希望を反映した結果

謎松 7

なぜチョロ松は就活に熱心なのか？

第4話『自立しよう』

第4話
『自立しよう』

求人誌を読みながら歩くチョロ松から始まるエピソード、第4話『自立しよう』。チョロ松が家に戻ると、居間には平日の昼間からだらけている兄弟たち…。仕事探しは完全放棄ムード。三男は兄弟を叱責《しっせき》するが、逆に「またイライラしてる？」「俺たちこれ以上なにを望むっていうんだよ〜」などと返される始末。そんな親の金をあてにし続ける兄弟だったが、両親の夫婦ゲンカにより、平穏な日々に危機が…！　そうして前代未聞の〝扶《ふ》養《よう》家族選抜面接〟が始まる…！

この回に限らず、チョロ松はぐうたらな6つ子の中で**唯一就職活動に熱心**で、他の兄弟を叱《しっ》咤《た》する。同じ遺伝子を持つ他の兄弟と比較すると不思議なところだが、この熱心さはどこから来

るのだろう？　なにか裏があるのでは…？
　そう疑惑を持って、第2話『就職しよう』の居酒屋のシーンのチョロ松が持っていた求人誌をよく見てみると「働けばチョーモテる!!」と書いてある…これが理由ではないだろうか？　女の子が絡《から》むとポンコツになる三男、やはり就職の動機も「モテ」である可能性は非常〜に高い。つまり、働いて経済的に自立すればモテる…**要するにモテたい**と思っているのではないだろうか！
　チョロ松がどんな職種を希望しているかを見ると、その可能性は高まっていく。まず、『自立しよう』の冒頭で言っているように、〝アイドルのマネージャー〟が本命のようだ。アイドルに近づきたい下心が見え見えだ。第10話『イヤミチビ太のレンタル彼女』では求人雑誌「GA10」を見ており、第14話『トド松のライン』では、工事現場のマニュアルのようなものを見ているので、男らしい肉体労働系も視野に入れているもよう。そして第19話『チョロ松ライジング』終盤のカフェで、ダンボールのパソコン、タブレット、ケータイを扱《あつか》っていた様子から、カッコいいエグゼクティブ系にも憧《あこが》れているのかも。…**女性の目を意識している**のは間違いなさそうだ！
　さらに『自立しよう』の〝扶養家族選抜面接〟でのアピールではっきりと「就職する可能性も高いし、結婚もするだろう」と発言している。どうも、**就職すれば結婚もできる**と思っているらしい。もはや明白に「就職＝モテ」の図式を描いているように見える！　下手《へた》をすれば〝今モテないのはニートだから〟くらいに思っているのかもしれない。なんという自意識ライジング！　しかし動機はともあれ、前向きなのはいいこと…だろう。

おそ松さん研究所の結論

働けばモテると思っているから

謎松8

トト子に呼ばれた十四松は、野球だと思って来た?

第4話『トト子なのだ』

トト子の部屋に呼び出されたおそ松が、あらぬ期待に胸を膨《ふく》らませてトト子を待つシーンから始まる第4話『トト子なのだ』。しかし次にやって来たのは…十四松！ その後も他の兄弟や大勢のマスコミ陣が集まって来て…。

ここで気になるのは、部屋を訪れた十四松が兄弟に何度も「野球かな!?」と聞くところだ。しかしよく観察してみると、最初から野球をする気…ではないように思える。根拠はまず着ているもの。十四松が〝野球〟（ちゃんと野球をしたことはなかったけど）をする時はいつもユニフォームを着ている。しかしこの時はオーバーオール。普段見ない格好なので**十四松的にはオシャレ**をしていた?

これは他の兄弟同様、トト子との進展を期待していたのかもしれない。さらに言えば登場時の笑顔も照れた風だし、おそ松を見た時困惑しているように見える。野球だと思っていたなら、他の兄弟がいても意外には思わないはずだ。期待して来たらおそ松がいたので、一瞬戸惑った後「じゃあ野球かな?」とすぐに切り替えたのだろう。五男も人並みに下心はあったのか…と安心したいところだが、最初の期待が外れた時よりも野球じゃないことが判明した時の方が落胆が激しかったので、十四松的には**〝野球∨トト子〟**なのかも…。

おそ松さん研究所の結論

彼なりにオシャレをして、期待してやって来た

謎松 9

なぜ一松はビジュアル系な姿でトト子の家に来た?

第4話『トト子なのだ』

第4話『トト子なのだ』でおそ松、十四松、トド松と続いた後にトト子の部屋に来たのは一松。だがなんと彼の姿は髪を逆立て化粧もキメた**ビジュアル系**だった!! そんな姿で現れた一松は、兄弟がいたことに衝撃を受け部屋の隅《すみ》にうずくまり兄弟をガン睨《にら》み。兄弟もいじれずに気まずい空気が…。

なぜ一松は、普段からは想像できないビジュアル系ロックバンドのような格好だったのか? 他での行動も見てみると、これが彼の思う一番のオシャレなのだと思われる。この格好はおそらく、実在する元祖ビジュアル系バンドを意識している可能性が高い。第5話『カラ松事変』で口ずさんでいた「ヤヴァヤヴァ〜イ♪」も、そのバンドの歌を意識したもののようなので、一松はビジュアル系などのロックを密《ひそ》かにカッコいいと思っていて、好きなのかもしれない。第16話『一松事変』でカラ松の革ジャンをこっそり着てみたことからも、それが窺《うかが》える。普段はそのことを隠しているが、この時はトト子に気に入られるために、秘めていた自分を解放し、最高のオシャレをして来たのだろう。だが、それを兄弟に見られてしまい、内心**かなりヤヴァヤヴァ〜イ**と思っていたかもしれない…。

おそ松さん研究所の結論

ロックがカッコいいと密かに思っているから

謎松10

カラ松がトト子グッズに使ったお金の出どころは?

第4話『トト子なのだ』

第4話『トト子なのだ』で、トト子が6つ子たちを集めた理由は、全然売れないデビューライブのチケットを買ってもらうためだった。1枚なんと8500円…高っ!!　6つ子はチケットを買わされた挙句、会場ではバカ高いグッズも買う羽目《はめ》に。

中でももっとも使いこんだのがカラ松。トド松によれば10万くらい払っている。映像で確認できる限りTシャツ、タオル、ハチマキ、ハッピ…サイリウムにいたっては8本！　**フル装備で満足げだ。**　長男の言う通りバカだからしかたがないが、疑問なのは無職の彼がなぜそんなにつぎこめたのか？　お金の出どころが気になる…。

手がかりは第5話『カラ松事変』。誘拐されたカラ松の身代金を誰が払うか、5人で話し合う。

ここでおそ松は一松に、一松は十四松に、十四松はトド松に、トド松はカラ松にお金を貸していることが判明。5人はカラ松が身代金を払えばいいという結論に至る…。貸したお金が身代金になるということは、それなりの額はあったはずだ。

しかし誘拐前夜、カラ松はチビ太の屋台で2円しか払っていないので、すでに使いきっていたと思われる。とすると、借りたお金がグッズ購入に使われた可能性は高い。というか、**この時まさにトド松から借りた**のかもしれない。

おそ松さん研究所の結論

トド松に借りたお金

謎松 11

トト子の家は普通の魚屋なのか…？

第4話『トト子なのだ』

第4話『トト子なのだ』で、トト子がアイドルになったのは自己満足のためではなく、両親の経営する魚屋「魚忠」の宣伝のためだと言っている。だが、おそ松によれば店は「そこそこ繁盛してる」とか。果たして魚忠の経営状態の実態は…!?

『トト子なのだ』での様子を見る限り、おそ松の発言が正しいことがわかる。たびたび映る店先でも客足はまったく途絶える気配がない。これだけでも繁盛のほどが窺《うかが》える。両親は実際に外車を乗り回しているし、よく見れば、魚屋は「魚忠マンション」という大きなマンションの一部…両親は**マンション経営**までしているようだ。さらに店の隣の建物には、〝すし〟や〝うなぎ〟、〝テンプラ〟の文字が見られ、店名には「魚忠」が入る…なんと飲食店経営まで!? もはや結構なイケイケ経営説が濃厚なのだが、最大の注目ポイントは、第24話『トト子大あわて』に出てくる広い**冷凍室と大量の冷凍マグロ**。この量は魚屋と飲食店を合わせてもキャパオーバーに思える。食品メーカーや飲食チェーンなどに卸しているぐらいでないと規模が合わないのでは。

そうなるともはや〝そこそこ〟を通り越し、多角経営に乗り出すほどの〝超繁盛〟の可能性大!! 弱井家は、相当のやり手と言わざるをえない。

おそ松さん研究所の結論

手広くやっている、かなりのやり手経営者

謎松12

【6つ子比較】一番お酒に強いのは誰？

第2話『就職しよう』他

第2話
『就職しよう』

第2話『就職しよう』に始まり、6つ子がみんなでお酒を飲んでいるシーンは数多く登場する。働きもしないでよく飲むものだ。飲む場所は基本的にチビ太のおでん屋か、赤塚酒場。その理由はおそらくはお金がかからないからだろう。チビ太の店はツケが利くし、赤塚酒場はえだ豆280円、厚揚げ300円など、比較的値段が安めだ。

赤塚酒場で飲んでいる時は人数に比べてつまみが少ない。『就職しよう』ではあさりの酒蒸しらしきものが1皿とえだ豆2皿。第22話『ファイナルシェー』ではえだ豆と他2皿。第23話『ダヨーン族』の時に至っては長兄3人で日本酒のみ。飲みメインなのが窺《うかが》える。一方チビ太の屋台では、おでんをしっかり食べているようなので、やはり

ツケが利くか利かないかで飲み・食いのバランスを変えている節《ふし》がある。『就職しよう』では昼ぐらいから飲み出し、最終的には夕方だったので4、5時間は飲み続けたのかもしれない。長尻《ながじり》でダラダラ粘って飲むタイプのようだ。**本当にダメ人間ここに極まれりだ…。**

　個々の飲み方を見ていると、6つ子でありながら差があるように思える。飲みのシーンを見ると、ビールか日本酒ばかり飲んでいるようだが、公式プロフィールでのそれぞれの好きなお酒は、おそ松が「ビール」、カラ松が「ウイスキー（実は麦茶）」、チョロ松が「梅酒、ウーロンハイ」、一松が「ドクペ」、十四松が「ハイボール、グレープフルーツジュース」、トド松が「カルーアミルク、カシオレ」と、まったく違う。

　そしてどうやら、お酒の強さも兄弟で違うようだ。では、6つ子の中で一番お酒に強いのは誰なのだろうか？

　44ページの「謎松2」の考察を用いると、飲む酒の量が目に見えて少ない一松とカラ松はまず外《はず》れる。ということで、残りの4人から検討してみよう。この4兄弟の飲んでいる量を比較するのは難しいが、ずばり一番強いのは十四松だと予想！

　根拠のひとつ目は、第11話『クリスマスおそ松さん』のクリスマス飲みだ。だいぶ時間が経《た》っているのか、おそ松、チョロ松、一松が食べに徹していて、カラ松は熱燗《あつかん》らしきお猪口《ちょこ》をチビチビと飲み、トド松のビールもほとんど減ってない中、十四松はビールをがぶ飲みしている。そしてなにより、第9話の『恋する十四松』の終盤で去りゆく彼女を笑わせるために、瓶《びん》の**ビールを一気に飲み、頭、鼻、耳からビールを出す**ギャグを繰り出しているのが重要なポイントだ。そもそも人間技ではないが、走ってきてビールをひと息に飲むだけでも、相当強くないと無茶だ。それに、普段と酔った時の差があまりないという

のも、お酒に強いからなのでは。まあ普段がキレキレすぎてあまり基準にならないけれども…。

さらに他の兄弟の酒の強さも比較してみよう。次いで強そうだと思われるのが、おそ松とトド松だ。おそ松は、『就職しよう』で、ビールをぐいっと飲みほしてから日本酒にいったので、普通にいける口なのだろう。この時、飲んだ帰りに酔ったチョロ松を引きずっていたように、おそ松はひどく酔うことがない。第5話『カラ松事変』や『ダヨーン族』の時などのように気持ちよくなって寝てしまうことはあっても、悪酔いはしないのだろう。**お酒にそこそこ強いことが窺える。**

トド松も飲んでいるシーンではグラスの中身が普通に減っているように見えるし、やはりひどく酔っぱらうシーンはない。好きなお酒もかわいい感じでありながら、しっかりとアルコール度数高めなので弱くはないはずだ。ただし『ファイナルシェー』では、1人だけ水を飲んでいると思われるシーンがある。さりげなく酔いをコントロールしているのかも。〝ドライモンスター〟トド松の**かわいく飲みながら、自分のペースをくずさない**したたかさが窺える。

では最後に残った三男・チョロ松は…。飲む量はおそ松、トド松と変わらなそうだが、『就職しよう』では、あれだけ兄弟が飲むのを咎《とが》めておきながら、最終的におそ松とトド松に引きずられ、一松を除けば兄弟の中で一番酔っていた。さらに『ダヨーン族』では、長男、次男と一緒に熱燗《あつかん》7本を飲んで、そろって酔い潰《つぶ》れたのはいいとして、ダヨーンに吸いこまれた後、ひとり滝のように吐いて、おそ松に「あいかわらずよえーなー」とバカにされていた。ということは、少なくともおそ松や、それに並ぶトド松よりは弱そうだ。しかし、好きなお酒は「梅酒、ウーロンハイ」で、『ダヨーン』他、『カラ松事変』でも日本酒を飲んでいることから、**弱いくせに飲むのだろう。**

大変面倒くさいタイプだが、普段の兄弟に対するストレスや自意識ライジングの反動のせいかも。

一松とカラ松があまり酒を飲まないタイプなのは先に触れたが、はっきりと下戸《げこ》そうな**一松が一番酒に弱い**とするのはいいとして、酒量をセーブしているように見えるカラ松と、まったくセーブしないで泥酔《でいすい》するチョロ松はどちらが酒が強いのだろうか？

カラ松は、第11話『クリスマスおそ松さん』や、第9話『チビ太とおでん』でも日本酒を飲んでいるし、『ダヨーン族』ではチョロ松と一緒に日本酒を空《あ》けながら、チョロ松のようには悪酔いしていない。もしかしたら飲まないだけでチョロ松よりも強いのでは…という可能性もあるが、やはり上記ふたつのシーンを見ても酒量は少なく、『チビ太とおでん』ではチェイサー（水）と一緒に飲んで悪酔いを抑えている。やはり酒に弱いから自制しているのかも。そして、『ダヨーン族』の場面を見ると、1人ずつ自分の徳利《とっくり》を確保していて、さらに空いている徳利は4本。とすると、3人が同じ量の日本酒を飲んでいるわけではないようだ。

そしてこの後、おそ松がチョロ松の酒の弱さをバカにしていることから、おそ松とチョロ松は同程度飲んでいる可能性が高い。とすると空いている4本はおそ松とチョロ松が2本ずつ開けたもので、共に3本目を飲んでいて、カラ松はまだ最初の1本をちびちび飲み続けていたのかもしれない。その差を考えるとチョロ松のほうが強いという線が濃厚だろう。つまりお酒の強さランキングは

——**十四松＞おそ松、トド松＞チョロ松＞カラ松＞一松**…という結論になる。

おそ松さん研究所の結論

一番お酒に強いのは十四松!?

謎松6連発!!

13

第2話『就職しよう』

一松は、なぜすぐに終身名誉班長になれたのか？

第2話『就職しよう』のブラック工場で、一松は〝真っ黒〟な作業内容を読むそぶりをみせる。この時他の従業員が知りえない〝なにか〟を知り、特別待遇で昇りつめたのかもしれない！

おそ松さん研究所の結論

ブラックな秘密を知ったため

14

第3話『こぼれ話集「銭湯クイズ」』

トド松が手で胸を隠していたのはなぜ？

第3話『こぼれ話集』の銭湯シーンで見せたトド松の行動。周りに兄弟しかいない時は、胸を隠しているそぶりがないことから、人前に立った時のかわいさアピールの一種と考えるのが自然だろう。

おそ松さん研究所の結論

かわいさアピール

15

第3.5話『童貞なヒーロー』

イチゲルゲの尻尾《しっぽ》についているのは？

第3.5話『童貞なヒーロー』で一松が変貌《へんぼう》した姿は、尻尾を見るとノートパソコンがついている。これはおそらく、リア充と対極にいるネット住民を象徴しているのだろう。悲しい姿だ…。

おそ松さん研究所の結論

リア充を敵とするネット民の象徴

16

第4話『トト子なのだ』

トト子の部屋の人形に包丁が刺さっているのはなぜ？

第4話『トト子なのだ』で登場した包丁が刺さった赤いパンダの人形。冷凍マグロを無意識に殴っていたトト子だけに、これも無意識に刺した可能性が高い。トト子の闇は深そうだ…。

おそ松さん研究所の結論

トト子が無意識に刺した

17

第5話『カラ松事変』

おそ松だけ寝癖がひどいのはなぜ？

第3話『寝かせてください』や第5話『カラ松事変』、第9話『恋する十四松』で見せたおそ松の寝癖がひどい。『寝かせてください』の時のように普段からめちゃくちゃ寝相が悪いのかも。

おそ松さん研究所の結論

寝相がめちゃくちゃ悪いから

18

第6話『おたんじょうび会だジョー』

どうして十四松はハタ坊の匂《にお》いを嗅《か》ぎとれた？

第6話『おたんじょうび会だジョー』で手紙の送り主を匂いで解明。第3話『こぼれ話集』の「パチンコ警察」や、第20話『教えてハタ坊』で十四松は犬になっている。犬並みの嗅覚《きゅうかく》があるのかもしれない。

おそ松さん研究所の結論

犬並みに鼻がいいから

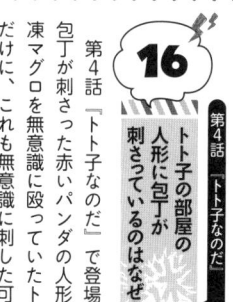

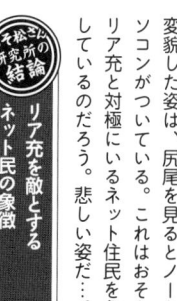

chapter3

謎松 19〜41

謎松19

一松の肉球スタンプはなにを使って押した？

第5話『カラ松事変』

第5話『カラ松事変』の冒頭にて、チビ太のおでん屋でいつも通り酒をあおる6つ子たち。そして夜もふけた頃、ふと見るとチビ太がうとうと…。お金がなく、それぞれ**手持ちのものを置いて逃げ出す**様子は、すがすがしいほどダメ人間だ…。

そんな6つ子たちが置いていったものを見ると、まっとうにお金を置いていっているのは兄3名だけ…。しかし、おそ松は6円、カラ松は2円、チョロ松は8円。ひどすぎる…。弟たちに至ってはお金ですらなく、一松は肉球スタンプ、十四松はドングリふたつ、トド松はビールの王冠みっつ。もはや、6つ子に常識は通用しない。この後、怒り心頭のチビ太がカラ松を拉致《らち》して6つ子に報復しようとするのも、当然と言えば当然だろう…。

ここで注目したいのは、一松の残していった肉球スタンプだ。これはいったいどこから出したのか…。思い出されるのは第2話『おそ松の憂鬱《ゆううつ》』で**ネコと合体した一松**だ。以降、ネコ化する場面がしばしばある。第16話『一松事変』ではネコ耳だけを部分的に生やすなど、一松は**自由自在にネコ化が可能**である。ここでの手元を見てみると…なんだかネコの手になっているように見えなくもない！　ということは、手だけをネコ化させて肉球スタンプを残した…と考えられる⁉

おそ松さん研究所の結論

自前の可能性が高い

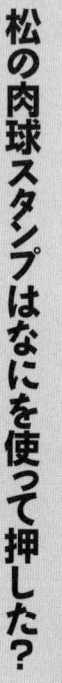

謎松20

最後の「ゴメンネ」は誰の心の声？

第5話
『エスパーニャンコ』

第5話『エスパーニャンコ』で、ネコと話せる薬を求めてデカパン博士のもとを訪れた十四松と一松。注射をいやがる一松を助けようとして、ネコが代わりに薬を打たれ…**人間の言葉をしゃべり、ホントの気持ちがわかるエスパーニャンコ**になってしまった！

今まで隠してきた本音をズバズバ言い当てられ、カッとなった一松は、エスパーニャンコを追い出してしまう。そのまま姿を見せず夕方になり、公園のベンチに集合する兄弟たち。その時、ボロボロの姿で十四松が現れた！　抱えていたエスパーニャンコを一松に無言で差し出す十四松。その時、「ゴメンネ」とエスパーニャンコがつぶやいた…。これは、誰の本音だったのだろう…？

第5話『エスパーニャンコ』

説1 十四松の心の声

　エスパーニャンコは、誰かが発した言葉に対しての本音を言っていると思われる。ここで、エスパーニャンコが「ゴメンネ」とつぶやく直前、いつもぽかっと開いている十四松の口が一瞬、閉じる描写が挟まれる。もしかしたら、聞こえないほど小さな声で**十四松が発した言葉**を、エスパーニャンコが拾ったのかもしれない。

　友達が一人もいない一松に、ネコと話せる薬をもらおうと提案したのは、十四松だった。気の乗らない一松をデカパン博士のところに連れていき、いやがる一松に注射を打とうとした。だが、いざネコと話せるようになると、一松とネコの関係がどんどんこじれてしまった…。一松の本音が、次々に兄弟の前で暴露《ばくろ》されてしまったからだ。

2人のケンカの一端に責任を感じた

からこそ、十四松は1日中、ボロボロになるまでエスパーニャンコを探して、一松と対面した時に心の声で謝ったのではないだろうか。

　また、普段は大口を開けて笑顔が固まっている十四松だが、この『エスパーニャンコ』では、固定された笑顔は変わらないものの、十四松は非常に豊かな表情を見せている。

　たとえば自宅で、「なんか話せば?」と一松にエスパーニャンコを手渡そうとして、「興味ない」と突っぱねられた時の十四松の表情は、いつもより口元が小さく、眉根《まゆね》も下がっている。さらに「鬱陶《うっとう》しいんだよ! どっかいけ!」と一松が叫び、エスパーニャンコが家を飛び出してしまったのを見ていた十四松の口元は中途半端に開かれ、眉根がすごく下がっている。普段は閉じようとしても開《あ》いてしまう口を閉じるしぐさから、十四松の真剣さが伝わってくるようだ。

謎2 一松の心の声

別の視点から考察すると、エスパーニャンコが発した「ゴメンネ」は**一松自身の心の声**だった、とも考えられる。

　自分が発した「どっかいけ！」のひと言で、エスパーニャンコは行方不明になってしまった。大切な友達を追い出してしまったことに責任を感じ、本当は心配で心配でしかたがない一松。だが、兄弟たちに本音を知られてしまった手前、なかなか素直になれない…。そして、その原因を作ったエスパーニャンコ自身に対しても…。

　だからエスパーニャンコが無事だと知った時、弾《はじ》かれたようにベンチから立ち上がったものの、すぐそっぽを向いてしまったのだ。本当は、人間が作った薬のせいで、ただわけがわからないまま本音を言っているだけで、エスパーニャンコは悪くないとわかっているのに…。素直になりたい自分と、やっぱり素直になれない自分がせめぎ合い、エスパーニャンコとまともに顔を合わせることもできない一松。

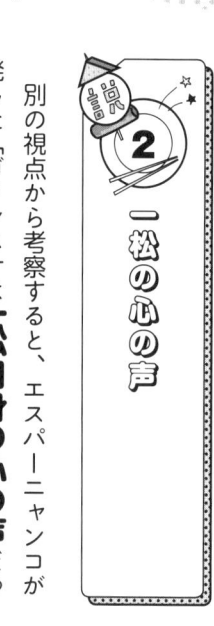

　実は一松は、十四松にエスパーニャンコを手渡される直前に、**「なんだよ…なんだよっ」**とつぶやいている。その直後、エスパーニャンコの口から「ゴメンネ」の言葉がこぼれている。つまり、エスパーニャンコは一松のこのセリフから本音を拾ったのではないか…と考えることもできるのだ。

　大切な友達に向かって「どっかいけ！」なんてひどい言葉をぶつけてしまったこと、変な薬のせいで散々な目に合わせてしまったこと、見つかって心からホッとしたこと…いろいろな気持ちが交錯して、エスパーニャンコに対して「ゴメンネ」という本音が言葉にする前にこぼれたのかもしれない。

ではなぜ、一松は最後に**「俺も…ごめん…」**と謝ったのだろうか。

ひとつ目は、エスパーニャンコが語った「ゴメンネ」が一松自身の心の声だったとしても、一松はあの場ではエスパーニャンコの心の声だったと解釈した場合。悲しそうな顔をするエスパーニャンコを見て、エスパーニャンコ自身が「傷つけてしまってゴメンネ」と言っていると、受け取ったのかもしれない。だから「自分も」という表現の謝り方となったのではないか。

ふたつ目は、エスパーニャンコが語った「ゴメンネ」が、十四松の心の声だったという可能性だ。一松がこの言葉は十四松の**「余計なことをしてゴメンネ」**という気持ちだと受け取り、〝自分も悪かった〟と謝罪していることになる。

そしてみっつ目に、十四松とエスパーニャンコに向けて、同時に謝ったとも考えられる。この「ゴメンネ」の直前、一松以外は言葉を発していない。ということは、この「ゴメンネ」は、なんらかの力が働き、**エスパーニャンコ自《みずか》らが発した「ゴメンネ」**という言葉だった…と受け止められなくもないかもしれない。

そして、この言葉の後、はっと顔をあげた一松は、十四松とエスパーニャンコの両方を見つめている。エスパーニャンコの話すことはすべて誰かの気持ちの代弁だということは、頭ではわかっているものの、一松にとって、この「ゴメンネ」は十四松とエスパーニャンコ、両方からの本音だったというふうに伝わってきたのかも…。そして、両方に向けて、「俺も…ごめん…」という本音そのままの気持ちを言葉にしたのだ。

おそ松さん研究所の結論

一松、十四松、エスパーニャンコの想いがこめられた言葉なのかも

謎松21

ハタ坊の会社はなにをしている？

第6話『おたんじょうび会ダジョー』

第6話『おたんじょうび会ダジョー』では、大人になったハタ坊の知られざる生活が明らかに。なんと謎のカンパニーを立ち上げていた！　従業員は旗を刺すことを義務とし、ひとつのミスでも命を絶ってお詫《わ》びをするほどの奇怪な会社。そして、とんでもないほど巨額の富を築いていた…！

6つ子との会席中、**アメリカ大統領からの緊急連絡を受けたハタ坊**。大統領いわく、「We are facing a serious economic crisis. Do you have any advice?」。直訳すると、「我々は深刻な経済的危機に直面している。なにかいいアドバイスはありませんか？」となる。

それに対してハタ坊が答えたのは…**「アメリカンドッグ」**のひと言。アメリカンドッグはアメリカを冠する言葉でありながら和製英語であり、日本独自の呼称。つまりアメリカになじみそうな日本独自の文化や技術を積極的に受け入れれば、経済的な発展が見こめるのではないか、というハタ坊の深～いアドバイスだった…と考え…られなくもない。つまりハタ坊の仕事は、こうした国家レベルの情報商材を売却していると考えられる。

少なくとも一国の大統領が、このひと言に**5億ドルの価値を見出《みいだ》す**ということは、ハタ坊はそれなりの実績があると見ていいだろう。

おそ松さん研究所の結論

国家レベルの情報商材を売ること

謎松22

一松とトド松だけ、旗を刺された時の声が嬉《うれ》しそうなのはなぜ？

第6話『おたんじょうび会ダジョー』

第6話『おたんじょうび会ダジョー』にて、ハタ坊の会社で働かせてもらおうと目論《もくろ》んだ6つ子たち。だが…ハタ坊の会社の社員となる条件は、体のどこかに旗を刺すことだった…！　頭に旗を刺すことは免れる代わりに、ケツに旗を刺すことを提案するおそ松。だが、ハタ坊が部下に持ってこさせた旗は、**尋常ならざる太さ**で…!?

かくして彼らは順番にケツに旗を刺される運命となったわけだが、その時にこだまする叫び声が、明らかに不自然な者が3名…それが一松、十四松、トド松だ！

一松は第9話『恋する十四松』で自《みずか》らバットに縛《しば》られていることや、第23話『灯油』の回で、おそ松に鼻にティッシュを通され、発火するまで擦《こす》られても耐えていることから、**"一松は実はM"**…なのかも。これらのことから、一松の叫び声は、歓喜の極みだったのでは？

一方、トド松は第3話『銭湯クイズ』にて女子のように胸を隠して銭湯に入るなど、自分のかわいさを周囲にアピール。そのため叫ぶ時でさえも気を抜かず、**徹底してかわいさを意識している…**と考えられる。

なお十四松の叫び声は「よいしょー!」。旗刺しのお陰で、なにか気合いが入ったもよう…!?

おそ松さん研究所の結論

一松はMで、トド松はかわいさを意識しているから

謎松23

トド松の大学生設定はどこから来たの？

第7話『トド松と5人の悪魔』

第7話『トド松と5人の悪魔』にて、兄たちに内緒で数週間、カフェでバイトをしていたトド松。合コンに誘われるという念願の地位を獲得した矢先、悪魔たちが忍び寄る足音が…。

なんとここでのトド松の設定は…**大学生!!** しかも、あろうことか**慶応ボーイ…！** さらに女子たちから呼ばれている愛称はトッティ…!?「合コン」という単語と、トド松の大学生設定を聞いた兄たちは、ついにモンスター化！　兄たちによる史上最悪の営業妨害が始まるのだが…それにしても、これほどの経歴詐称、いったいトド松はどこから拝借したの？

リア充エピソードで思い出されるのは、3.5話『童貞なヒーロー』でBBQ《バーベキュー》を楽しんでいた大学生たち。**洋服をマネキン買いするようなタイプ**のトド松であれば、知り合った大学生の1人の経歴をマルごとパクった可能性も。休日は「レポートがあるから…」といった無駄に忙しいアピール、合コンに誘われても即答せず「気が向いたらね」とクールに答えるつれないフリ…絵に描いたようなリア充大学生のフリをしている。底辺から抜け出そうと涙ぐましい努力を続けているだけに、5人の悪魔たちに妨害される結末には、さすがに同情を禁じえない。

おそ松さん研究所の結論

バーベキューの時に知り合った大学生の経歴をパクった

第7話
『トド松と5人の悪魔』

謎松 24

トド松が十四松にパフェを出したのはなぜ？

第7話『トド松と5人の悪魔』

第7話『トド松と5人の悪魔』では、兄5人…否、5人の悪魔たちが、トド松が密《ひそ》かにバイトをしているカフェに乗りこみ、**数々の悪魔的営業妨害を繰り返す。**トド松は体裁《ていさい》を繕《つくろ》うためにとにかく兄たちをなだめ、トイレの前の席に無理やり座らせる…。その時、兄たちに提供したものは、おそ松にはアイスコーヒー的なもの、チョロ松と一松にはホットコーヒー的なもの、そして十四松には**おいしそうなパフェ**だった。

ちなみに、カラ松はトド松の攻撃により、流血瀕《ひん》死《し》状態で床に打ち捨てられている…が、のちに復活した際、ホットコーヒーのようなものを口から床へ、吐き出している。

ここで注目したいのは、十四松だけパフェを出されたことだ。なぜトド松は十四松にだけスイーツを提供したのだろうか。

今までのトド松と十四松の絡《から》みを振り返ってみると、たとえば第4話『自立しよう』でトド松は十四松と野球盤で遊んであげたり、その他にも、将棋やジェンガなどの相手をしてあげたりしている。また、第22話『希望の星、トド松』では、合コンに連れていく1名を兄たちの中からあえて選ぶとしたらとして、十四松を指名している。

常にテンションマックスで超人的な行動を見せる十四松ではあるが、他の兄たちのように「トド松の外面を汚さない」という面においては、トド松は十四松に信頼をおいている…のかもしれない。

そう考えると、他の兄たちと比べて、トド松は**十四松に少しばかり贔屓《ひいき》して**、パフェを提供したのではないだろうか。

その後も、トド松の経歴詐称や「合コン」という単語を聞いて、いよいよ手のつけられないほど大暴走を始める兄たち…。おそ松、カラ松、チョロ松の3名は、口から床に**コーヒーをぼとぼとと****こぼしまくり**、一松に至ってはお客が座っているテーブルの上で、いきなり**パンツを脱いで****踏ん張り始めたりする**始末…！　ただのクズ以外の何者でもない迷惑行為を繰り返す兄たちを、トド松はトイレに押しこめるが、十四松だけはその必要がないと判断したのか放置している。十四松は、トド松を煽《あお》ったり床を転がったりしただけでたいした迷惑行為をしていないうえ、よくよく見ると兄たちがトイレに閉じこめられた後、健気《けなげ》にも床掃除までしているではないか…！　そんな十四松に対して、トド松は甘いところがあるのかもしれない。

そして十四松も、弟には優しい…？

おそ松さん研究所の結論

トド松は十四松にだけ甘いから

謎松 25

事件の真相はずばり？

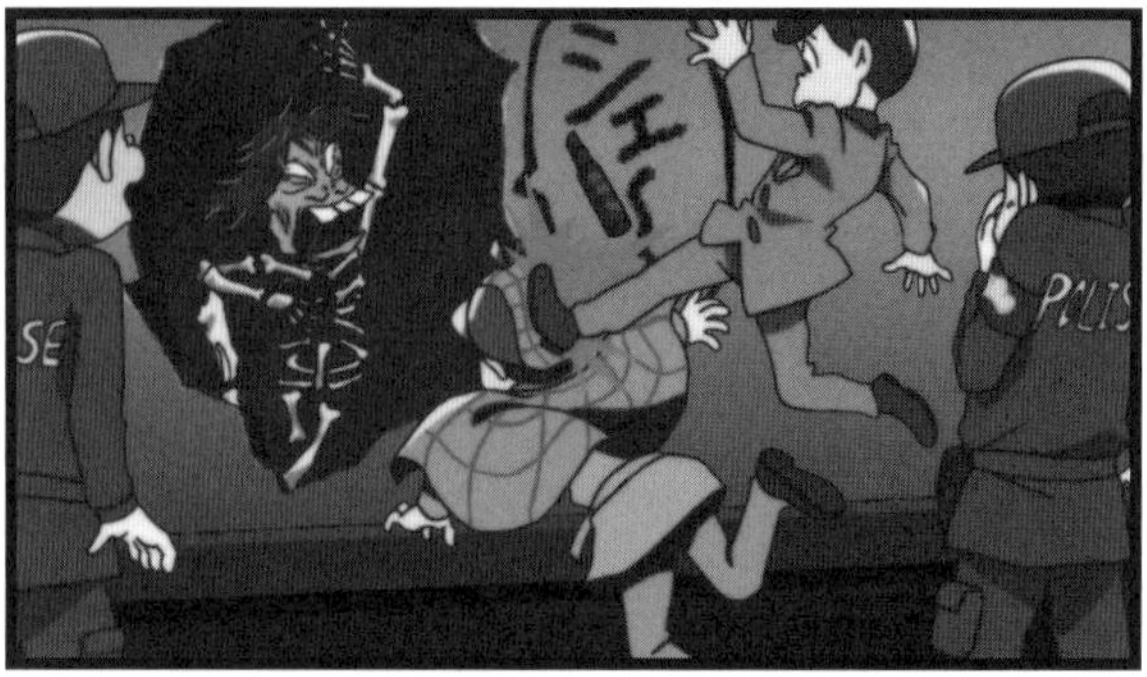

第8話『なごみのおそ松』

とあるお屋敷で次々と起きる殺人事件。凄惨《せいさん》な現場をなごませる男、それが〝なごみ探偵〟ことおそ松だ。いつもの日常からかけ離れた推理ドラマ仕立ての第8話『なごみのおそ松』では、とにかく殺人事件が多発！　探偵のおそ松が事件解決…ではなく、事件現場をなごませる！

最終的に犯人もなごんで名乗り出てくるのだが、そもそも**なぜこの連続殺人事件が起きたのか**という真相は謎のまま。真犯人の聖澤《ひじりさわ》庄之助は自首という形で逮捕されているが、犯行の動機などは一切明らかになっていないのである。

刑事のチョロ松やトド松がいる前で、リアルタイムに立て続けに殺された被害者たち。そしてどんどん積まれていった死体の山…。その中でひとつ注目

第8話『なごみのおそ松』

したいのは、怒濤《どとう》の勢いで発見された死体の中で、**1人だけ他の被害者とは異なる死に方をしていた人物がいた**ということだ。

それは、壁の中から顔以外は白骨死体で発見されたイヤミだ。彼以外の殺人はすべて現在進行形で起きた事件だが、白骨化したイヤミだけは確実にその死から数年以上が経過していると推測して間違いはないだろう。

その事件が意味するものとはなにか？　イヤミの殺人にも聖澤庄之助が関与しているのか？　屋敷に関わる者すべてが殺害されたと言っても過言ではない今回の連続殺人事件。もしイヤミも聖澤庄之助が殺害したとするなら、イヤミもかつてはこの屋敷の住人だった可能性が高い。つまり、聖澤庄之助は、屋敷に誰かが住むことが許せず、屋敷の住人を長年殺害し続けてきたのでは？

ここでひとつの仮説を立ててみよう。聖澤庄之助は古くからこの屋敷に仕え、当時の主人に忠義を尽くしていた。しかし、その主人が亡くなってしまい、他の人間が屋敷の主《あるじ》となることが許せず、新たな住人がやって来る度に犯行を重ねていた…そう考えられなくもない。

そしてこの屋敷を知り尽くしている男だからこそ、警察の必死の捜査でも見つからず、姿を隠しておくことができたのかもしれない。

もちろん、その真相を知るすべはないが、単なる猟奇的な殺人者による犯行ではなく、1人の忠実な下僕《げぼく》の過《あやま》ちだったのではと思えてくる。

最後に、おそ松たちによって空気がなごみ、自首した聖澤庄之助。もしかするとかつてのなごやかで幸せだった屋敷を取り戻せたと感じ、ついに犯行を続けることを諦《あきら》めたのかもしれない。

おそ松さん研究所の結論

新たな人間が主《あるじ》にならないように、屋敷にやって来る人間を次々と殺害していた

謎松26

一松の服に血がついていたのはなぜ？

第8話『なごみのおそ松』

第8話『なごみのおそ松』にて、最初に殺されたカラ松。だが、詳しく検証していくうちに、彼を殺したのは大量殺人事件を起こした聖澤庄之助ではない可能性が、浮上してきた。

まず、カラ松が残したダイイングメッセージに「ふくめ」とあること。聖澤庄之助以外にも、覆《ふく》面《めん》の男はもう1人いる…そう、なごみのおそ松が映る画面にいつも**覆面をかぶった男＝一松**が見切れて立っているのだ！

第2に、凶器はナイフが使われていること。カラ松は背後からナイフでひと突きされて即死している。そして一松の手には、血でてらてらと濡《ぬ》れたナイフとトンカチがにぎられているのだ。これは、ヤバイ…。

第3に、一松の覆面やエプロンには、血痕《けっこん》が付着していること。まだ付着して新しいことから、犯行時間からそれほど時間が経《た》っていないことがわかる。また、登場時もカラ松の死体のすぐそばに一松はいた。

これらの状況証拠から、**覆面をかぶった男＝一松が犯人**だという可能性が高いように思えてくる。だがこの後、一松も時計塔にくくりつけられて聖澤庄之助に殺されており、カラ松事件の真相は藪《やぶ》の中となってしまうのだ…。

おそ松さん研究所の結論

カラ松だけは一松が殺害したから

謎松 27

カラ松はどうしてバスローブ姿で現れたのか？

第8話『トト子の夢』

第8話
『トト子の夢』

人気アイドルを夢みるトト子だが、コンサートには人が集まらず、なかなか上手《うま》くいかない…。そんな彼女を6つ子たちが励《はげ》まそうとするのが、第8話の『トト子の夢』だ。アイドルとして売れないと嘆くトト子の部屋に集まり、必死で慰《なぐさ》めようとする6つ子たち…と思いきや、そこにはカラ松の姿だけがない!?　そして弱音を吐き、ついに泣き出してしまったトト子の前に現れたのが、**右手にマイク、左手にワイングラスを持った、バスローブ姿のカラ松**だった！　こ、これは…イタすぎる。

直前までは、他の兄弟たちと同様にトト子のアイドルグッズであるTシャツとハッピに身を包んでいたはずのカラ松。つまりは、わざわざ一度家

に帰って着替えて来たということか？　だからトト子の部屋に1人遅れて来たのであろう。よ～く見ると髪もちょっと風呂上がり（？）を意識してセットしているので、かなりこだわりが詰まった格好であると思われる。

　だがトト子を励ますのになぜバスローブ姿なのか!?　普通に考えれば、この場にそぐわない意味不明な服装に思える。しかし、思い出してほしい。第4話『トト子なのだ』で、トト子の部屋に呼ばれた時のカラ松の格好を覚えているだろうか？そう…あの時も**カラ松はワイングラスを片手にバスローブ姿で登場していた。**あの時は、6つ子はみんな、自分だけがトト子に呼び出されたと勘違いしており、各々《おのおの》がトト子に気に入られようと、気合いを入れたファッションに身を包んで部屋を訪れていた。

　つまりカラ松は、ワイングラスにバスローブ姿こそ、**〝めちゃくちゃカッコいい＝女子に対して最大にアピールができる格好だ〟**と考えているのだろう。昭和の大スターを思わせる、ちょっと古風なダンディズムは、漢《おとこ》・カラ松の真骨頂《しんこっちょう》。彼にとってこのスタイルは、最高級のキメファッションなのだ。涙にくれるトト子を心から慰めようとしていたからこそ、わざわざ着替えてまでこの服装で現れたに違いない。たとえ誰からも理解されない、場違いな格好だったとしても…。

　しかし、カラ松の渾身《こんしん》のファッションに身を包んだ励ましも、なにをする間もなくトト子の強烈なボディブローで一発KO!　カラ松の想いをこめた彼女への精一杯のアピールだったのかもしれないが、なんの役にも立っていない。

おそ松さん研究所の結論

一番カッコいい服装だと思っているから

謎松28

トト子のかぶり物はどういう仕様になっているの?

第8話『トト子の夢』

第4話『トト子なのだ』でアイドルとしての姿を披露《ひろう》したトト子。第8話『トト子の夢』でも、同様の海の生き物をイメージした衣装でライブに登場！　大盛況…かと思いきや、観客は6つ子だけ…。嘆くトト子を励《はげ》ます6つ子。そしてとうとう「私……もうアイドルやめる…」と言い、魚の頭部を模したかぶり物を脱いだ！

トト子の宣言とともに驚いたのは、脱いだかぶり物から**勢いよく水が出てしぼんだ**ことだ。なぜ水が…よく頭にかぶっていられたな…というか、いったいこれはどういう仕様なのだろう?

トト子の衣装を見てみると、ひとつひとつが本物のようなウロコやエラ、尻尾《しっぽ》をつけるなど…魚に対する愛と執着を持つトト子ならではのディテールへの強いこだわりが感じられる。といっても、衣装として頭にかぶっているので、まさか本物を使ってはいないだろう。脱ぐとしぼむので、柔らかく耐水性がある素材…おそらくソフトなビニールでできていそうだ。そこに本物のウロコなどを飾っているため、楽屋に異臭が充満するのでは!?　本物の魚そっくりに見えるように、それもすべて、アイドルになりたい一心で頑張ったのかも。脱いだ時に溢《あふ》れ出た大量の水は、衣装の仕様の一部か、はたまた**汗か、涙か…**。

おそ松さん研究所の結論

ビニール製

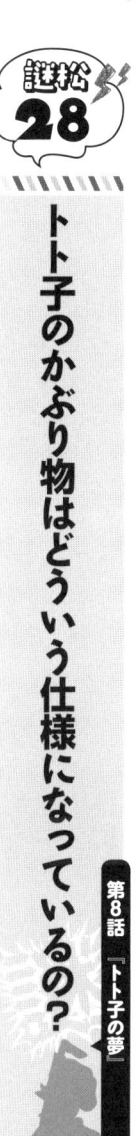

謎松29

十四松が素振《すぶ》りをするバットに一松を縛《しば》ったのは誰?

第9話『恋する十四松』

第9話『恋する十四松』の冒頭では、十四松の一日の流れが描かれている。食事をいち早く済ませ、家の前で素振りをした後、野球のユニフォームで出かける。夕方に汚れた格好で家に帰り、銭湯や寝る時も行動が多くてうるさい。

そんな十四松の日課の中に、目を疑うものがある。朝食後にいっている素振りの練習…そのバットにくくりつけられているのは**一松兄さん!?**

恋をして十四松が普通になった時も、一松はバットにくくりつけられた姿で「今日はやらないの?」と声をかけており、断られると「まじか…準備したのに」とつぶやく。その口調からちょっと寂しそう…? それにしても、何百回という素振りに耐えられるほど、しっかりと一松をバットにくくりつけたのは誰なのだろう?

縛りネタとして思い出されるのは、第17話『十四松まつり』内の「十四松と夜食」だ。ラーメンを3分間待つ間、おそ松と十四松が縄でぐるぐる巻きになっているが、これは状況からおそ松が十四松を縛ったと考えるのが自然だろう。となると、十四松の日課のため、**一松をバットに縛っているのは…まさかのおそ松!?**

第22話『希望の星、トド松』で、チョロ松が縄で縛られているが、これもおそ松の仕業《しわざ》!?

おそ松さん研究所の結論

おそ松

謎松 30

一松が「お前今日いっぱいしゃべるな」と言うくらい、カラ松がたくさんしゃべったのはなぜ？

第9話『恋する十四松』

第9話『恋する十四松』で、いつでもテンションマックスでマイペースな十四松が、突然**普通の人間**になってしまった！　事情を知らない兄弟たちは、十四松の変貌《へんぼう》ぶりに驚愕《きょうがく》…！　一日中彼を観察するも、なぜ突然、常識人になってしまったのか理解できない。

　その日の夜、無邪気に寝ている十四松を遠巻きに、なにが起きたのかと議論する兄弟たち。そこでカラ松が、珍しく長いターンで説明を展開する。一松に突っこまれるほど、カラ松の口数が増えたのはなぜだろうか？

　カラ松と十四松の関わりを振り返ると、第8話『6つ子に生まれたよ』では**歌をデュエット**したり、第17話『十四松まつり』では一緒にパチンコにいったりするなど、2人の絡《から》みは比較的多い。パチンコでカラ松が勝ったことを秘密にするという約束を守れず、動揺して壊れてしまった十四松に対して、カラ松はひたすら謝り倒していた。このように、カラ松は十四松に対して甘いところがあるようだ。とすると、カラ松は十四松とは仲がいいアピールとして、口数が自然と多くなった？　またいつも自分の発言がスルーされるところを、**トド松が珍しく反応を返した**ため、つい嬉《うれ》しくなってしまったのかもしれない…。

おそ松さん研究所の結論

十四松の行動を知っている俺アピールと、トド松が反応してくれて嬉しくなったから

謎松31

兄弟が十四松にいろいろと着せていたデート服は、誰がどのコーディネートをしたの？

第9話『恋する十四松』

第9話
『恋する十四松』

第9話『恋する十四松』では、いつも型破《かたやぶ》りで予測不能な動きをする十四松が女の子に恋をした。突然奇行が薄れ、まっとうな人間になってしまった十四松！　兄弟たちは最初からかうつもり満々だったが、仲《なか》睦《むつ》まじくデートをする2人を見て十四松の恋を応援することに決める。そして十四松がいよいよ女の子に告白をしようとする前夜、兄弟たちはそれぞれがもっともふさわしいと思うデート服をコーディネートすることに。いったい、誰がどんな服を選んだのか、細かく検証してみよう。

まずは髪を整えた、**スタンダードなサラリーマン姿**。特にツッコミどころがないくらいフツーな格好を選んだのは、いつも就活を気にかけているチョロ松だろうか。次は、大きなラジオを抱えた

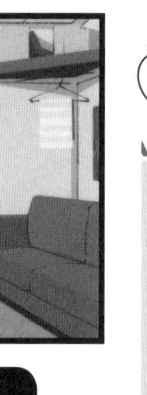

ラッパーフォーム。これはたびたび歌を歌うことがあるカラ松が選んだ可能性が高い。続いて現れたのは、**相撲《すもう》取りの格好でシコを踏む姿**。デートとはほど遠い、一発芸のようなコーディネートは、女子に対するウケを狙《ねら》ったおそ松の仕業《しわざ》か。

そして前髪を七三分けにして、真面目《まじめ》そうなメガネをかけた**ブランドもののチェック柄《がら》のスーツ姿**。これは6つ子の中では比較的ファッションに対してマトモな感覚を持っている、トド松の提案ではないかと推測する。「デートと言えばブランド」という思考から、全身マネキンコーデをすれば女の子受けはまちがいなかろうという感覚か。

また、ド派手なメイクを施《ほどこ》して、**髪を立たせたビジュアル系の格好**。第4話『トト子なのだ』で、デートと勘違いしてトト子の家に現れた一松がビジュアル系の格好をしていたことから、一松の提案だと思われる。一松はこの格好が一番カッコいいと思っているのだろう。

衣装の中でもっとも気になるのは、2度にわたって登場した**上半身裸で石槍《いしやり》を持った石仮面姿**。よ～く観察すると、1回目と2回目では石仮面の文様が微妙に異なる。よほどお気に入りなのかも。この姿で2度出口に向かおうとし、兄弟たちに必死に止められていることから、選んだのは十四松本人と思われる。恥ずかしさで表情を隠したいという気持ちの反面、ありのままの自分を見てほしいという思いから、石仮面に上半身裸というスタイルなのだろうか。よくわからない。

結局、十四松が翌日選んだ服装は、スタンダードなスーツ姿だったが、兄弟たちが知恵を絞り、真面目に十四松の恋を応援しようとした一夜の様子が微笑《ほほえ》ましいエピソードだ。

おそ松さん研究所の結論

民族衣装は十四松が選んだ

謎松 32

女の子の左手首にあったリストバンドの意味は？

第9話『恋する十四松』

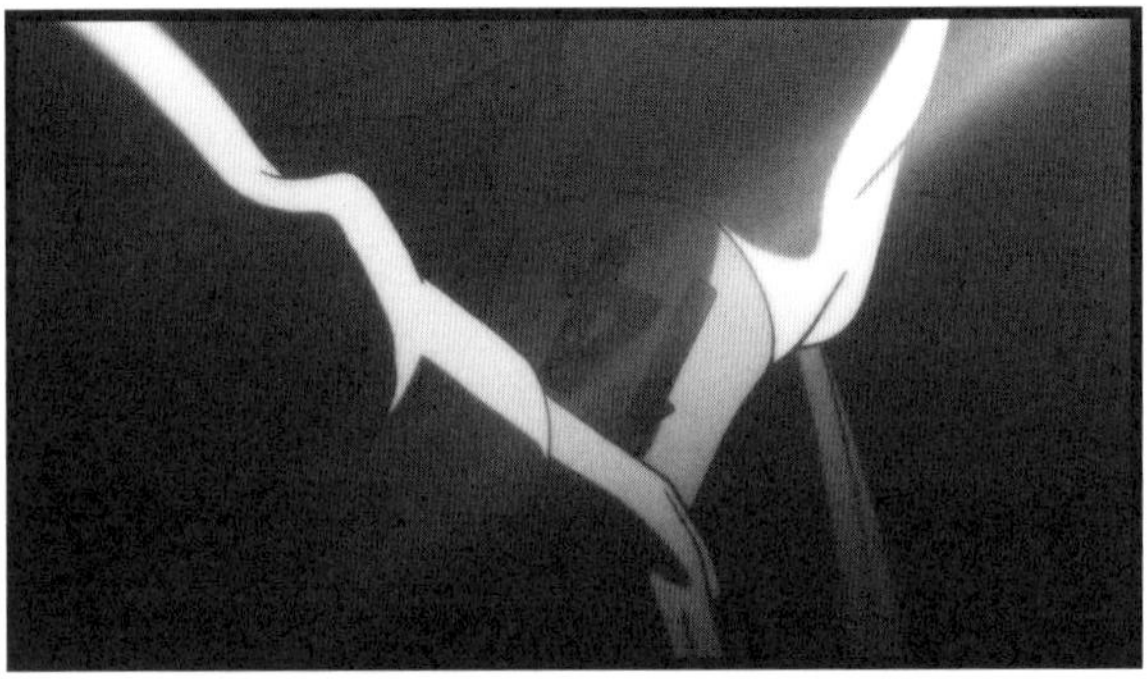

第9話
『恋する十四松』

第9話『恋する十四松』は、十四松があることをきっかけに出会った女の子に恋をするエピソードだ。渾身《こんしん》のギャグを披露《ひろう》する十四松と、失神するくらいおかしそうに笑う女の子。2人はとてもいい雰囲気だったが、十四松が意を決して自分の思いを告げたその日、十四松は女の子が田舎《いなか》へ帰ることを知る。彼女が別れ際に左手首に身につけていたのは、14と書かれたリストバンドだった。

このリストバンドは、普段、**十四松が野球のユニフォームを着ている時に身につけているもの**だ。ということは、十四松が彼女にプレゼントをしたものだと自然に察することができる。では、なぜリストバンドだったのか。

そもそも2人が出会ったのは、十四松が海辺で素

振り練習をしていた折、波にさらわれて溺《おぼ》れかけたところを女の子に助けられたことがきっかけだった。

女の子は崖《がけ》の上から、十四松が素振り練習を始めて溺れるまでの一部始終を見ていたわけだが、その左手首には痛々しい包帯が巻かれていた…。崖の上に立って海の底を見つめている女の子がずっと左腕を気にしていたことからも、のちに十四松が「1か月くらい前…彼女、死のうとしてて…」と語っていることからも、手首にひどいキズの跡があったのではないかと想像できる。そのことに気づいた十四松が、キズを隠すために自分のリストバンドを女の子にプレゼントしたのかもしれない。

女の子の身になにがあったのかは、エピソードの中で明確に描かれているわけではない。ただ、おそ松がビデオ屋のAVコーナーでなにかを発見し、帰宅して真面目《まじめ》な表情で「話あんだけど」と十四松を呼び止めるものの、屈託なく笑う十四松を数秒見つめたあと、口を閉ざす…という印象的なシーンが描かれているだけだ。

ホームでの別れ際、動き出した列車のドアの向こうで涙を見せる女の子。十四松はそんな彼女を笑わせようと、列車と並走しながら懸命《けんめい》にギャグを連発する。そんな十四松を見て、女の子は涙が溢《あふ》れて止まらなかったが、最後の最後に悲しみを振り切って最高の笑顔を見せる。そんな彼女の表情を見てホームに倒れこんだ十四松は、ほっとしたように清々《すがすが》しく笑うのだった。十四松の甘酸っぱい青春のひとときは、こうして幕を閉じた。

今までは、わけのわからない人外《にんがい》の行動を見せていた十四松が、実は勘が鋭く、思いやりのある優しい一面があることが感じられた。『おそ松さん』随一《ずいいち》の感動回だったことは間違いない。

おそ松さん研究所の結論

手首のキズを隠すために十四松があげた

謎松33

カラ松がおそ松に相談したのはなぜ？

第10話『イタいって何だ？』

第10話『イタいって何だ？』では、お馴染《なじ》みの釣り堀で、カラ松がおそ松に真面目《まじめ》な（？）相談をしている。哲学でも語り出しそうな勢いで発した言葉は、「『イタい』ってなんだ。人はみな、俺のことをさして『イタい』と言う。しかし決して殴ってはいない。蹴ってもいない。なぜみな痛がるんだ」。

相談内容へのツッコミはともかく、次男のカラ松にとって唯一の兄である、おそ松へ本気の悩みを打ち明けたという点は興味深い。第18話『逆襲のイヤミ』で長男が死んだ時、「自動的に次男である自分が主役か」と言っていたりと、カラ松は**兄弟の順番を意識している**フシがある。

その証拠に、カラ松は第2話『おそ松の憂鬱《ゆううつ》』と第24話『手紙』でおそ松を殴っているが、結構ひどい扱《あつか》いを受けているにもかかわらず、弟たちを殴るシーンは一度もない。これは〝弟を殴る自分はカッコよくない〟という彼なりの美学を貫《つらぬ》いているからで、それと同時に、兄に手をあげるのは、長男としておそ松を認めているからこその行動と言えるのではないだろうか。それゆえ、カラ松は信頼している兄に、自分の深い悩みを打ち明けたと考えられる。この後、カラ松は痛タンクトップと痛カラコンを披露《ひろう》。おそ松がカラ松のイタさに耐性がついたところで、一件落着（？）となった。

おそ松さん研究所の結論

一応長男として尊敬しているから

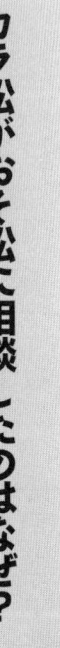

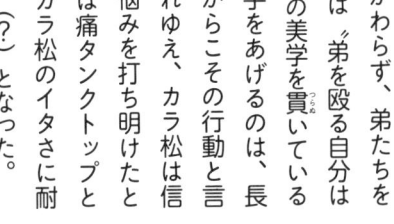

謎松34

【6つ子比較】居間での6つ子の過ごし方の違いは?

第4話『自立しよう』他

第4話
『自立しよう』

第4話『自立しよう』では、平日の昼間にゴロゴロしている6つ子たちの様子が描かれている。仕事探しから帰宅したチョロ松が居間で見たニートたちの光景は…。

おそ松はニートを代弁するかのように、寝っころがってのんびり**マンガを読みふけっている**。カラ松は**熱心に鏡を見つめて**自分磨き(?)に余念がなく、一松はみんなに背を向け、**ネコと戯《たわむ》れている**。そして、十四松とトド松は2人で**野球盤で遊んでいる**。兄弟たちの様子を見てあきれ顔のチョロ松だが、就活雑誌を手に街をぶらついてはいつまでも〝アイドルのマネージャー〟をぼんやり夢見るチョロ松だって、同じ穴の狢《むじな》だ。第10話『イヤミチビ太のレンタル彼女』で自分たちの部屋にいる際も、6つ子は同じように、おそ松はマンガを読み、カラ松は鏡を見て、チョロ松は求人誌を読み、一松はネコと戯れ、十四松とトド松は将棋をしている（…しかし、十四松はルールがわかっていないようだ）。トド松は、十四松には甘い傾向があり、家にいる時はよく一緒に遊んでいるので仲良しなのかも？

　また、第23話の『灯油』でも、居間で6つ子たちがヒマを持て余している。こたつでお茶を飲んでいるおそ松とトド松。ここでは珍しく、トド松がおそ松に甲斐甲斐《かいがい》しくお茶のお代わりを注《つ》いであげている（この行為自体が、実はトド松の「作戦」であることが後に判明するのだが…）。カラ松はサングラスを磨いており、相変わらず自分磨き（？）に余念がない。チョロ松はどこで購入したのか『自意識との付き合い方』という自意識ライジング感溢《あふ》れる本を読みふけっている。一松はネコがいなくて寂しいのか、手持ち無沙汰に猫じゃらしをいじっている。十四松は布団や衣類に丸く埋もれて動かない。

　第24話『トト子大あわて』では、トト子が婚活を始めたという一大事を知らせに家に戻ったおそ松が居間を開けると、弟たちの様子はみんなうつらうつらと昼寝を楽しんでいたのか、カラ松は仰《あお》向《む》け、トド松はうつ伏せで寝ており、一松は膝《ひざ》を抱《かか》えてうずくまり、十四松はおとなしくちょこんと座っている。チョロ松に至っては、なにをやっていたのか、ちゃぶ台の上に乗っていた…。

　以上が、6名のニートたちによる華麗なる日常生活である。毎日仕事、仕事で余裕がなく、会社の奴隷と化してしまっている現代の日本人をあざ笑うかのような6つ子たちの平和な日々。人生を謳歌《おうか》しまくるニート生活から、我々が学ぶものは多い…かもしれない。

おそ松さん研究所の結論

居間にいる時は、十四松とトド松が仲良しっぽい

謎松35

【6つ子比較】扶養《ふよう》ドラフトの時の、6つ子の表情の違いは？

第4話『自立しよう』

第4話『自立しよう』では、6つ子の両親が夫婦ゲンカの果てに離婚を宣言。母親は連れていく息子を選ぶべく面接を行い、6つ子たちは「母親の扶養家族」という座をかけて熾烈《しれつ》な争いを繰り広げる。面接の果て扶養ドラフトで選ばれたのは…**「孫」の誕生を固く約束したチョロ松だった！**

そんな扶養ドラフト時の6つ子たちの表情に注目してみよう。おそ松兄さんの表情は完全に諦観《ていかん》状態。「……自立しよう」というつぶやきからも、孫欲しさに壊れた両親たちの作り出した異常な状況に、ふと我に返ったのかもしれない。カラ松はナルシストらしく動揺を見せず、粛々と結果を受け止める姿勢を貫《つらぬ》いている様子。一松は歯を食いしばり悔しそうな表情だ。十四松はなんだか嬉《うれ》しそう。野球好きな彼はおそらく「ドラフト」という響きだけでワクワクしているのだろう。トド松は突っ伏して表情を見せないが、兄たちには内緒でバイトを決意しているのかもしれない。

一方、せっかく選ばれたチョロ松は困り顔。しかし扶養家族確定の座を手に入れたことは事実なので、内心ではほっとひと安心しているのか…。他の兄弟とは違い、本気で悔しがっている一松だけは、意外にもこの扶養ドラフトに本気で挑んでいたのではなかろうか。

おそ松さん研究所の結論

一番家族と離れたくなさそうなのは一松

謎松6連発!!

36
第6話『おたんじょうび会ダジョー』

おそ松やチョロ松が十四松に卍固《まんじがた》めの指示をするのはなぜ？

第6話『おたんじょうび会ダジョー』にて、十四松はチョロ松に卍固めを指示される。普段からプロレスのコスプレをしたり、モノマネをしていたりするので卍固めが彼の決め技なのかも。

おそ松さん研究所の結論
十四松の決め技だから

37
第6話『イヤミの大発見』

イヤミはなぜここまで落ちぶれたの？

第6話『イヤミの大発見』で、イヤミはニートでホームレスになっている。イヤミが働いていたブラック工場はハタ坊に買収され、ハロウィンの時に6つ子に家や財産を奪われたから…？

おそ松さん研究所の結論
ブラック工場がハタ坊に買収され、無職となったから

38
第7話『4個』

1個だけクリームとわかった瞬間、ケンカになったのはなぜ？

第7話『4個』で勃発《ぼっぱつ》した兄弟ゲンカ。原因は今川焼きがひとつだけクリームだったから。6つ子は好物の味も同じなのだろう。第24話『手紙』で一松が食べていたのもクリームの今川焼き。

おそ松さん研究所の結論
6つ子はみんなクリームが好きだから

39
第8話『トト子の夢』

カラ松がトト子に「魚の要素を捨てないとダメだ」と言ったのはなぜ？

第8話『トト子の夢』でカラ松がトト子に放った言葉。カラ松は自分のこと以外は、比較的客観的な視点を持っていると思われるので、魚に執着するあまり迷走していると直感したのかも。

おそ松さん研究所の結論
迷走していると思ったから

40
第10話『イタいって何だ？』

カラ松のイタいタンクトップはどこで手に入れたの？

第24話『手紙』では、自分の顔がプリントされた白ブリーフをチョロ松に贈っている。ということは「カッコいい俺がプリントされた服はカッコいい」という謎の認識で、自作している…!?

おそ松さん研究所の結論
カラ松が自作した

41
第10話『イヤミチビ太のレンタル彼女』

6つ子たちのバイトはどこで探したの？

第10話『イヤミチビ太のレンタル彼女』でチョロ松はガテン系求人誌「GA10」を読んでいた。この雑誌で見つけたバイトで体を張って働き、イヤ代とチビ美とデートする大金を稼《かせ》いだ可能性も。

おそ松さん研究所の結論
チョロ松が見ていた雑誌

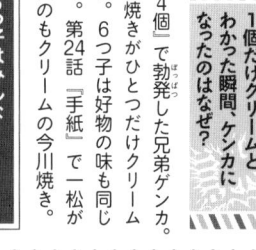

chapter4

謎松 42〜66

謎松 42

十四松のエロ本の中に昆虫図鑑があったのはなぜ?

第13話『事故?』

おそ松がチョロ松のあるところを見てしまった第13話『事故?』。チョロ松のエロ本事情から、兄弟のエロ本の隠し場所が判明! トド松は押入れに、カラ松は本棚の裏に、一松は床下に、十四松は屋根裏に隠していた。

ここで各々《おのおの》の嗜好《しこう》を見てみよう。トド松は水着の女の子が表紙のオーソドックスなもの。カラ松のそれは生パンティの付録つき（パンティが好きなのか!?）。一松のエロ本はネコ（?）に扮《ふん》した女子たちが表紙の『ケモノの娘』。どこまでもネコ好きだ。そして、一番気になるのは、十四松のエロ本の上に重ねられた謎の本**『みんなの昆虫ずかん』**。エロ本にまじってなぜこんなものが…しかも、その時の十四松はとんでもなく焦《あせ》り顔だ!

第4話『トト子なのだ』で十四松は「AVに出てたの!?」と発言するなど、エロネタに対して耐性がないわけではなさそうだ。2冊の表紙を見ると、図鑑の下にあるエロ本に描かれた女性のお尻と、図鑑のカブトムシの背中の部分が、絶妙な角度で似ていると考えられなくも…ない。となると、十四松にとって**『昆虫ずかん』もれっきとしたエロ本**…なのか!? まさかの昆虫趣味だった…!? 〝十四松というジャンル〟だけに、嗜好も人知を超えているのかもしれない。

おそ松さん研究所の結論

そういう趣味だから

謎松43

なぜトド松は一松に、おそ松へ風邪《かぜ》をうつすように頼んだの?

第14話『風邪ひいた』

第14話『風邪ひいた』では、おそ松以外の5人が風邪をひいて寝こんでしまった。「看病してやるよ!」と全員の財布を持ち出していったおそ松だが、みんなの金はパチンコ代に…。そこでトド松が放ったひと言が**「一松兄さん、風邪うつしてあげて」**。一松はおそ松にディープキスを施し、風邪をうつすことに成功するが…。ここでトド松が一松を指名したのは、なぜだろうか。

まずカラ松はすぐにイタい思考に走るため意図が伝わりにくい。自称「常識人」であるチョロ松は、おそ松とのキスを嫌がる傾向がある。十四松は発言の意味を理解していないのか、発言者にその行為を行う傾向があるので、自分がキスされてしまう可能性があるし、そもそも寝ている。となると選択肢は絞られ、**兄弟への報復に対してはノリの良さを発揮する一松**が適任だったと思われる。

ちなみに一松は兄弟が一緒だと、率先して行動することが多い。第7話『トド松と5人の悪魔』ではヤンキー姿でいの一番にトド松に詰め寄るし、第10話『イヤミチビ太のレンタル彼女』でも広告を最初に確認し、イヤミたちへの報復も早い。兄弟がいることの安心感が、さみしがりやで自分に自信がない彼を行動的にさせているのかも…!?

おそ松さん研究所の結論

一番行為に抵抗がなさそうだから

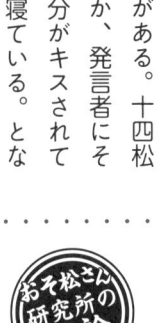

謎松44

十四松はなんの電話に呼び出されたの?

第14話『トド松のライン』

第14話『トド松のライン』では、トド松がジムに通っていたということが発覚したことから、兄弟に報告するべきこと・しなくていいことの線引きを語り合う。ひと通りの議論が終わり…というか終わらせ、みんなで銭湯に出かけようとしたのだが、十四松の姿が見当たらない。トド松が探しに戻ると、十四松が謎の電話をしているところを見てしまった！**「僕の銘柄《めいがら》がっ…粉飾《ふんしょく》決算…っ。ストップ安…!?　ウソだっ…すぐいく!!」**。そう言い残して、どこかへ走り去っていく十四松…。

第2話『就職しよう』で、道で寝ていたおじさんと知り合いだったりするなど、いつもどこかへ出かけている十四松は、交友関係が意外に広いことが考えられる。ということは、どこかで知り合った人物に誘われて、遊び感覚のつもりで**株の投資**を密《ひそ》かに始めていたのかもしれない…!?

しかし…21時という遅い時間帯に、日本銘柄がストップ安になることは考えにくい。ということは、**海外の銘柄**にまで手を広げていたか、もしくは知り合いの誰かと、**株のシミュレーション**を楽しんでいたのか…。走り去る十四松を呆然《ぼうぜん》と見つめる5人。兄弟でも、知っているようで知らないこともあると5人が心をひとつにした瞬間だ。

おそ松さん研究所の結論

海外銘柄の株

謎松45

一松はなぜ猫カフェで働こうと思ったの？

第16話『猫カフェ』

第16話『猫カフェ』では、6つ子の中でも無気力代表の一松が、なんと猫カフェの面接を受けていた！ いよいよ6つ子の中から脱ニート誕生…!? かと思いきや、カフェのスタッフではなく、**ネコとして働きたかった**ようだ…。

ほとんど引きこもりの一松がどんな職種であれ、バイトを志して面接に出かけるとは、なんとも大きな心境の変化だ。一松の心変わりは、いったいなにがきっかけだったのか？

思い出されるのは、おそ松とのやりとりだ。第2話『就職しよう』で、おそ松が弟たちの中でもっとも就職が心配だと語ったのは、他ならぬ一松だった。だが第14話『トド松のライン』で、「常識あるね！ 社会に出てもやっていけんじゃない!?」とおそ松に頭を撫《な》でられ、一松はまんざらでもない様子を見せている。さらに、第18話『逆襲のイヤミ』でも「ほめられたい」と言っていることからも、**おそ松にほめられたことが一松にとってかなり嬉《うれ》しかった**のかもしれない。おそ松のひと言がきっかけで自信につながり、社会とコミットしてみようかな…という気になったのではなかろうか。無意識にせよ、きっちりと〝お兄ちゃん〟をやっているあたり、さすがは6兄弟の長男、おそ松である。

おそ松さん研究所の結論

おそ松にほめられて自信がついたから

第16話
『一松事変』

謎松46

おそ松はカラ松に扮《ふん》した一松だと気がついていた？

第16話『一松事変』

第16話『一松事変』で起きた衝撃的な出来事。昼寝をするカラ松と、脱ぎ捨てられた個性的過ぎるファッション。一松は誰もいないのをいいことに、カラ松ファッションを身につけ…たところにおそ松が帰宅…！

カラ松だと思い一松に接するおそ松…のはずだが**「闇のオーラと友達いないオーラと性格ひん曲がったクソみたいな雰囲気を感じるんだけど…」**と、まるで一松だと気づいているようでもある。そして、一松が親友＝ネコたちのために用意しているにぼしを食べ始め…。おそ松は、カラ松のファッションに身を包んだ一松だと、本当は気づいていてからかっていたのではないのか？　その真相に迫《せま》ってみよう！

説1 気づいてからかっていた

一松の特徴や性格を言い当てているおそ松兄さん。ず〜っと一緒に人生を共にしてきた6つ子であり、いくらダメ人間でもその長男である。たとえ服装が変わっていても、誰が誰だかくらいはわかるはずだ。**一松がいつも過激に嫌っているカラ松のファッションに身を包んでいる…。**　おそ松兄さんにとって、そんなおもしろい状況はない！　弟たちの隠し場所をだいたい知っているおそ松兄さん、一松の隠しているにぼしを使って、からかってやろうと思ってもおかしくはない。気づいていないふりをして、一松に思い切り嫌がらせをしていたのかもしれない！　その可能性はあるが、だがしかし…だがしかし!!

説2 まったく気づいていなかった

やはり気づいていない可能性もある。からかっていたとしたら、おそ松の性格からして、殴られた時点で「いてーな一松！」と怒りそうなものだ。**デリカシーはない**が、素直で意外と弟思いのおそ松兄さん、カラ松ファッションの一松を見て、素直に感想を言ったら、一松の特徴になっただけで、一松だとは微塵《みじん》も思っていないのかもしれない！　にぼしの件も偶然一松への嫌がらせになったのかもしれない！　ほとんど奇跡に近い気づかなさ、それこそがおそ松兄さんなのかも!?

おそ松さん研究所の結論

おそ松は本気の本気で気づいていないかも！

謎松47

カラ松はなぜ釣り堀にまでイタい服を着て来るのか？

第20話『教えてハタ坊』

会社を追われたハタ坊だったが、めげずにケバブ屋、ハンバーガー屋などを出店。6つ子たちはそのおいしさに感動するのだが…という第20話『教えてハタ坊』。釣り堀の中でもおいしい焼き肉屋を営むハタ坊。そこに来ていたのが、カラ松とトド松だ。トド松に**「なんでココにそういう格好して来んの!?」**とツッコまれているカラ松は、自分の顔が描かれているキラキラタンクトップにワイルドな短パン、見たことないようなキラキラの靴というファッション。第2話『デリバリーコント 本当は怖いイソップ童話』よりも、イタさ倍増!? なぜそんな服装なのだろう!?『デリバリーコント 本当は怖いイソップ童話』でラブレターを餌《えさ》にしていたカラ松は、確実に1匹も魚を釣ることはできなかったはずだ。そのことを悔しく思った彼は、今度こそ魚にこっちを向いてもらおう、愛してもらおう、ということで、このファッションなのに違いない！「凍《こご》え死にそうだ」と自《みず》ら言っているように季節にもそぐわない…が、ファッション界の偉い人も言いがちなように、オシャレの基本はガマン！ おそらくこのファッションは、カラ松のとっておきの勝負服なのだ！ カラ松の**魚への愛**の表現…それがこの服装!?

おそ松さん研究所の結論

魚にも愛して欲しかった

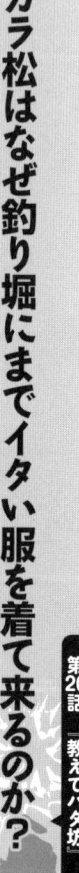

謎松48

6つ子最強の麻雀《マージャン》打ちは誰？

第21話
『麻雀』

ひりつくような重い空気で始まる第21話『麻雀』。ニートたちが麻雀卓を囲み、真剣勝負を行い、6つ子がどんな勝負師なのか、カラ松が的確に解説していく異色の回だ!!

ここで気になるのは、つまるところ6つ子のうち最強の麻雀打ちは誰かということ。それぞれの性格が表現され打ち方も6人6様。果たして最強の男は**〝オーラス知らずのおそ松〟**なのか、最強最速をうたう鳴き麻雀**〝ベタオリの貴公子、トド松〟**なのか。守備型の理論派デジタル雀士《じゃんし》、カラ松をして「最強」に分類される麻雀と称された**〝ノーリターンなオープンリーチ、チョロ松〟**なのか？　作中の闘《とう》牌《はい》をもとに、ひも解いてみよう。

第21話　『麻雀』

普通に弱く、普通によく負けキゲンが悪い**〝卓がえしの一松〟**は論外として、残りの5人から考察しよう。まず、トド松は固いがベタオリの多さが弱点。…にもかかわらず最初は鳴き麻雀を仕掛けるため安全牌の確保ができていない。結局は残りの3人に、ゴリ押しされると負けてしまうので、〝6つ子の中では〟という前提条件から考えると外《はず》れるだろう（しかし、兄弟に東でかかられると弱いのがなんともトド松っぽい）。チョロ松は待ち牌が顔に出るという、致命的な弱点があるし…。他の5人を冷静に分析し、手巡も正しく跳満《はねまん》・倍満の聴牌《テンパイ》がコンスタントに入るカラ松も普通に打っていれば、間違いなく最強ではあるが、如何《いかん》せん**〝不和了《ノーホーラ》のファンタジスタ〟**。美学を捨てて、現実的な打ち方をすれば話は別だが、それはカラ松の性格を考えると永久にないだろう。十四松も、**調子に乗るとチョンボが多発**するし…。

そう考えると、やはり長男・おそ松が最強候補の筆頭だと思われる。

まず、最初の半荘《ハンチャン》の第一局を見てみよう。東一局0本場、親はチョロ松、ドラがという状況。

この局先制で仕掛けたのは、北家《ペーチャ》に座るおそ松。

という捨牌からの6巡目で立直《リーチ》だ。

字牌《ツーパイ》から端牌《はじはい》の処理、【一萬】・【四萬】の捨牌から見て、【五萬】・【八萬】あるいは【三萬】・【六萬】あたりが本筋。あるいは他の色を怪しむ、良形のタンピン系立直《リーチ》と見るのが妥当だ。東《トン》パツの親であるチョロ松から見れば、一発で振りこむのは避けたい展開。

待ちは両面《リャンメン》系だと読んだチョロ松は、

 ツモ

から【一萬】・【四萬】の筋である【七萬】を捨てる。【七萬】は単《たん》騎《き》・シャボ・ペンチャンやカンチャンなど、当たり牌だとしても高打点にはつながらないと踏んだ読みである。【七萬】・【九萬】とカンチャンの待ちがあ

るが、🀅が重なっているイーシャンテン。ついで🀏の安全性を確認したら切るという受けの麻雀だ。

それに呼応した南家《ナンチャ》のトド松は、🀍打ちを強打と見る。チョロ松の普段のデジタル思考の打ち筋から、親番中とはいえ序盤だ。チョロ松もイーシャンテンないし聴牌《テンパイ》系だと推察する。実際この読みはイーシャンテンのカンチャン落とし。チョロ松は南か🀚を鳴けば聴牌《テンパイ》できるので正解だ。

さらにチョロ松が聴牌《テンパイ》なら追っかけ親リーするはずだとトド松が推理する。「🀌のワンチャンス」つまり、チョロ松は🀌3枚のありかを知っており、🀍は安全だと考えたと推察したのだ（この予想は外れてはいるが）。

🀋🀌🀟🀡🀐🀒🀓🀕🀕🀘🀆🀄🀄　ツモ🀂

と、手が固まっていないことを理由に、立直《リーチ》したおそ松の捨牌である、現物の🀟を切り**一発振りこみを回避する。**

そして、西家《シャーチャ》の十四松は、安全牌でありながらも、麻雀で重要な三・七牌のひとつ🀟を切ったことからベタオリと判断する。

なお、親であるチョロ松は立直《リーチ》したおそ松の捨牌で待つ可能性が高い。ベタオリをするのであれば、キー牌🀟を早期処理するのは**チョロ松の立場からすると正しい。**

さらに🀟は、ドラ🀠のドラ表示牌。おそ松は🀟・🀠・🀠から🀟を切りドラの🀠を雀頭《アタマ》にした可能性がある。

もし、そうなればおそ松の立直《リーチ》は、メンタンピンドラドラのマンガン、ツモれば3000〜6000点はある大物手だ。十四松の手は、

🀇🀇🀉🀉🀠🀠🀖🀖🀀🀀🀃🀄🀄　ツモ🀛

の七対子《チートイツ》ドラドラ。ダマの出和了《デアガリ》で6400点、立直《リーチ》をかけてツモり裏ドラをのせれば倍満まで仕上がる大物手。これを簡単に手放すことはできない。

そこで十四松が気にしたのが、東《トン》パツの親チョロ松の[七萬]切りだ。ドラが親の手にないはずなのに、打牌[七萬]は強打と考える。そこから逆に親であるチョロ松がドラぶくみの筒子《ピンズ》染め手と考えた十四松は無理をせず共通安全牌の[北]を捨てる。[北]はすでに、おそ松とトド松、そして親のチョロ松が切っている牌。国士無双《コクシムソウ》にしか使用できず、七対子《チートイツ》をしている十四松としても重なることのない牌のため、安全策でそれを切った訳だ。

その後、流局。おそ松のみが聴牌《テンパイ》し手を開く。

その手はなんと、

と[三筒]待ちの立直《リーチ》ノミ手。裏ドラがのらなければ出和了《デアガリ》で1300点にしかならないゴミ手である。おそ松のスタイルはいわゆる全ツッパ。読み合いを拒否し、親も大物手も無視して攻撃をする、防御皆無の麻雀である。一見すると〝オーラス知らずのおそ松〟とカラ松が揶揄《やゆ》するように弱いように見える。が、この麻雀は意外にも客層が若い雀荘では、主流となりつつある打ち方なのだ。

なぜなら、競技麻雀と違い、赤ドラ・裏ドラ・一発などがあるため。競技麻雀よりも8000点以上の満貫手になりやすいインフレ気味のルールにおいては、ある意味では理にかなった打ち方ではある。先ほど紹介したノミ手も暗刻《アンコウ》を槓《カン》し、槓ドラ裏ドラをのせれば、満貫どころか跳満・倍満に仕上げることもできる。**ある意味夢いっぱい**のニートでギャンブラーな若者代表・おそ松らしいスタイルと言えよう。負けると大きく負けるが、当たるとでかい、ハイリスクハイリターンな麻雀なのである。場況の巡り合わせとルールによっては、6つ子最強と言っていいだろう。

おそ松さん研究所の結論

オーラス知らずのおそ松

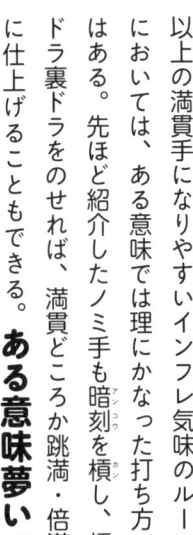

謎松49

神松を殺《や》ろうとした時、なぜチョロ松だけ武器を出さなかったの？

第21話『神松』

第21話『神松』で突如登場した、6つ子の〝人としてのイイ部分〟がかたまってできた清き松…神松《かみまつ》！ 彼は、完璧《かんぺき》な善行を行い、たった5日で両親を陥落《かんらく》…いや、正気を取り戻させてしまう！ 自分たちの立場を守るため、6つ子は神松に対抗しようと計画を立てるが…!?

6つ子が話し合いで出した答えは、武器で抹殺。おそ松は大きなハサミ、トド松はカマを、カラ松はガトリング砲、一松はダイナマイトと全員武装！ いつもはピュアな十四松ですら釘《くぎ》バットを持つ有様《ありさま》…。**〝いい奴《やつ》だからこそ『殺す』という選択肢しかないという矛盾〟**って、怖いわ…！ 共通の敵ができたことで一致団結する6つ子…いや、1人おかしい！ **チョロ松がまさかの素手!?** しかも、「みんな最高だよ〜！ まじで愛してるよ兄弟〜〜っ!!」とほめたたえる始末。さらに、いざ神松を攻撃する際もおそ松&トド松の後ろ！ なぜ、チョロ松がこのような行動をとったか…。考えられる理由は、おそらくひとつ。神松を殺った後も、両親に「僕は止めたんだよ…」などと言っていい顔しておきたいのでは…？ という説だ。神松に心酔していた両親との今後の関係を考え、自分の手を汚さずという心理が働いたのは想像に難《かた》くない！

おそ松さん研究所の結論

自分の手は汚さないように考えていた…

謎松50

悪松と神松の戦いの結末はどうなったの？

第21話『神松』

第21話
『神松』

人としてのいい部分を集めた7番目の兄弟が生まれ、ひと騒動が起きた第21話『神松』。6つ子が一致団結して、神松をころ…倒そうとするけど、悪だくみをしたせいで、むしろ**神松がパワーアップ！** 自分たちの力で勝てない絶望を突き付けられてしまう！ だが、そんな絶体絶命のピンチを前にして、6つ子のクソな部分が結集!! 悪松が誕生した！

倒すことが不可能に見えた**神松を悪松が一撃で瞬殺!!** つ、強いぞ悪松！

…しかし、そもそも悪松とはなんだったのだろうか？ いったいなにがどうなったらこうなるのか、少ない状況証拠をもとに推理してみよう！

まずは、悪松を見たトト子のセリフから悪松とはなんだったのか、考察してみよう。「ああなって、ああ展開して、こうなるなんて…！」…なるほど、わからん!!

ただ、6つ子がそろって意識を失うほどの強烈な悪意の塊《かたまり》が生まれたのには、なにかよほどのきっかけがあったと思われる。そのキーワードが**童貞**と、神松とデートしようとした**トト子**だ。

思い出してほしい。第3.5話『童貞なヒーロー』で、一松は〝リア獣イチゲルゲ〟に変化していた！　つまり、童貞には人の姿を失うほどの強烈な精神が宿っているのだ。さらに、第25話『おそまつさんでした』で第四銀河高校に対抗するパワーをゲットできたのも、トト子への残念な想いから…。トト子が絡《から》むと石油を掘りに砂漠にいくほどのパワーを生み出すのである。童貞怖い…。

つまり、トト子を奪われた童貞たち**6つの想いがひとつになって、**悪松を生み出したのも不思議ではない！　その想いをもっと別のことに使えばいいのに！　就職とか!!

そう、つまり悪松とは童貞の集合的無意識であり、悟《さと》りの先にあるもの！　なんだかんだ言って、自分よりモテるいい奴《やつ》はムカつくのである。しかし、神松も滅びたわけではない！　第25話のコーチ松の**墓参りシーンに神松がいる**のだ。

つまり、神松はあの一撃で完全に倒されたのではなく、再度6つ子の人としてのいい部分が集まり復活したのだろう。バリ島の神話に出てくる神獣バロンと魔女ランダは善悪の終わりない戦いをしているというが、彼らも同じなのかも…。壮大なスケールの話だが、神と悪は表裏一体の存在であるかぎり、どちらかが勝利することはないのだ。

おそ松さん研究所の結論

悪松は童貞の憎しみから生まれた。そして、神と悪魔の戦いに終わりはない!!

謎松 51

トド松とあつしくんは、いったいどういう繋《つな》がりなの？

第22話『希望の星、トド松』

第22話『希望の星、トド松』は、トド松が明日の合コンで、急きょ出た欠員を埋める男子を考えているところからお話は始まる。20代、カッコよくてノリがいいという女子の条件に加え、トド松が思う条件はイケメンすぎない、ステータスがない、自分が気楽に話せる男子。適任の男子がここにいると、おそ松たちは自分をアピールするが…。

トド松は兄たちを合コンに誘うという考えにはまったく至らず、一番最初に思いついたのは**あつしくん**だった。そんなあつしくんとトド松は、どんな間柄なのだろう？

トド松は大学生に憧《あこが》れ、バイト先で経歴詐称《さしょう》していたところから明らかに高卒。対するあつしくんはトド松いわく「一軍」「見た目悪くないし車持ってるし」。高そうなスーツを身にまとい、女の子にドライブを誘われても「休みとれたらね」と答えていることから、かなり忙しく働いている**ヤングエグゼクティブ**なのだろう。そう考えると2人に、接点があったとすれば高校時代以前、同級生だったとしか考えられない！ トド松が気楽に話せて、前日に合コンを誘っても来てくれるなんて、なんていい人なのだろう！ しかし、あつしくん的には、トド松とは腐《くさ》れ縁《えん》でしょうがなく付き合ってる…とか思っていたりするかも!?

おそ松さん研究所の結論

高校時代以前からの友人…というか腐れ縁!?

謎松
52

カラ松がかたくなに灯油を取りにいくのを拒《こば》んだ理由は？

第23話『灯油』

第23話
『灯油』

雪が降りしきる極寒の冬。こたつにみかん、ストーブによって暖まった快適なお茶の間で、思い思いにくつろぐ6つ子たち。そこに鳴り響く電子音…それは、ストーブの灯油がなくなったサインだった…そこから、6つ子たちによる、かつてない戦いが始まる!?

第23話『灯油』は簡単に言うと、**まるで母の胎内のような快適なお茶の間から出て、雪の積もる縁側に置いてある灯油を誰が取りにいくか…**というだけのお話。しばらくの間会話はなく、それぞれの心の中の言葉だけで、お話は進んでいく。とりあえず、誰もが、誰も灯油を取りにいく気はないようだ。誰もが、他の誰かがいってくれることを望んでいる…。本

当にダメ人間な6つ子たちを、よく表しているエピソードである。「早くいけ」「いってよ〜」と他の兄弟たちが睨《にら》みつける先には…カラ松！　次男でありながら、なぜかこういうとき、カラ松は他の兄弟たちの**やり玉に挙げられる**。日頃の寒い言動のわりに、意外と優しい性格であるため、そんな損な役になりがちのカラ松だが、「今日は絶対にいかないぞ。フッ、俺は今までみんなのためを思って灯油を入れていた。しかし気づいたんだ。いきすぎた愛は、時に人をダメにする。あえて突き放すことも必要なのだと」と、なんだか兄弟たちのことを思っているようなモノローグを語りながら…ただ単に灯油を取りにいきたくないようだ。いったいなぜ、そんなに灯油を取りにいくのを拒んでいたのだろう？

　トド松によって熱湯を手に注がれるという嫌がらせを受けても「今日は一歩も引かんぞお…！」と、まったくいく気配はない…。おそ松が「珍しくかたくなだな」と言っていたり、一松が「チッ、計算が狂った」と言っているように、いつもならここで観念して取りにいってもおかしくないのだが…。あっ！　カラ松の発言を思い出してみると、「昨日も一昨日も俺が入れにいった」と言っている！　ということは、単純にもう家に**灯油がない**ことを知っていたのではないだろうか！　極寒の外に買いにいくの、そりゃ誰でもイヤである。

　しかしこのあと、外へいったチョロ松とおそ松を追って、カラ松も外へ出ることに。このアイコンタクトだけで行われた6つ子の仁義なき戦いは結局無に帰してしまっている…。せっかく体を張って拒んでいたのに、虚《むな》しい結末だ。

おそ松さん研究所の結論

灯油が家にないことを知っていたから

謎松53

十四松がチョロ松に灯油を取りにいくよう指名したのはなぜ？

第23話『灯油』

第23話『灯油』。6つ子たちの灯油を誰が取りにいくかの不毛な無言の争いが続き、なんだかんだあった後、ず～っと寝ていたかに思われていたが、実は起きていた十四松の行動により、事態は進展する。「だから…灯油が切れてんだって、**チョロ松兄さん**」。その指名によって、チョロ松が灯油を取りにいかざるをえないことになってしまう。だがなぜ、十四松はチョロ松を指名したのだろう。

ここまでに、おそ松、カラ松、一松、トド松は、兄弟からの強要を拒《こば》んできたが、チョロ松だけは誰からも責められていなかった、というのもあるだろう。だが、どうやらそれだけではないのかもしれない。寝ていると思われた十四松に対して、チョロ松だけが「バカなんだから『寒い』とかいう感覚はないのかと思ってたよ」と、明らかに**心の声でバカにしていた**のだ！　十四松は野性というか本能というか…でそのチョロ松の心を解読していたのか!?　続く第23話『ダヨーン族』での寒さによる今までにないくらいの暴走っぷりで、寒さに対する強い感情が露《あら》わになっているのがわかる。いつもはバカにされても無頓着《むとんちゃく》な十四松だが、寒さに対しての感覚をバカにされたのは、耐えられなかったのだ！

おそ松さん研究所の結論

チョロ松が自分をバカにしたのが屈辱だった

謎松 54

トト子はなぜ嫉妬《しっと》という感情を知らなかったのか？

第24話『トト子大あわて』

地元のアイドルで、商店街でいつもチヤホヤされて、アイドルとしても一部ファンに大人気のトト子。第24話『トト子大あわて』でトト子は、同じアイドルの橋本にゃーが結婚引退すると知った後…、子どもを産んで幸せそうなブス美と会った後…、無意識に冷凍マグロを殴っていた！　なぜそんなことをしてしまうのかわからなかったトト子だが、両親からの指摘によって、その感情が**〝嫉妬〟**だったことが判明！　妬《ねた》み、嫉《そね》み、嫉妬、コンプレックス…相手を羨《うらや》ましいという感情をなぜトト子は理解していなかったのだろうか。

大人になるに従い、嫉妬という感情は芽生えてはいたはずだ。だがトト子は幼い頃にチヤホヤされすぎたせいで心が脆弱《ぜいじゃく》に育ってしまい、嫉妬という感情に耐えられず、その感情が出てきた時だけ記憶を別人格の方へ移すことによって、自己防衛したのではないだろうか。つまるところ多重人格というものだ。冷凍マグロをボコボコにしている時の記憶がないのは、暴力的な別人格がすべての嫉妬を引き受け、普段のトト子の記憶から**嫉妬という感情を消していた**ためだと考られる。第4話『トト子なのだ』でトト子の部屋にあった包丁が刺されたパンダのぬいぐるみも、その別人格による仕業《しわざ》と考えると納得がいく。

おそ松さん研究所の結論

多重人格なのかも…!?

謎松 55

チョロ松が就職した理由は？

第24話『手紙』

第24話
『手紙』

第24話『手紙』でチョロ松がついに就職!?

チョロ松からの手紙で始まる、どこかシリアスな展開。なぜか不機嫌なおそ松を除き、チョロ松の就職を大喜びする両親と兄弟たち。しかし、念願の就職が決まったはずのチョロ松はどこか不安げな表情を浮かべる。チョロ松を筆頭に、1人ずつ家から出ていく6つ子たち。家にはただ1人、おそ松だけが残るが…。

チョロ松は、基本的に就活は求人誌を読むだけ。ハローワークにいくよりも、アイドルを応援することに精を出す。他の兄弟に負けず劣らずダメ人間を自負していたはずのチョロ松が、ここに来て急に本格的な就職を決意したきっかけとは!?

常日頃から兄弟たちに「就活しろ」と口を酸っ

ぱくして言い続け、チョロ松自身も暇さえあれば求人誌を読んで〝就活してますよ〟アピールを続けてきた。そんな彼の努力がついに実を結び、父・松造の知り合いの会社に就職が決定!! しかし、そのわりにチョロ松は少し暗い表情を浮かべる。生まれて初めて兄弟たちと離れて暮らす心細さや、これから社会人としてやっていけるのかという心配もあるだろう。だが、待望の就職が決まったのだからもう少し喜んでもいいのではないだろうか。

そもそもチョロ松は、第21話『神松』の回で**「まっ…ったく働きたくないよね」**とまで豪語した。それがいきなり会社に勤めるまでにはいったいなにがあったのだろうか。まず最初に考えられるのは、松造からの推薦だ。知り合いの会社に紹介するなら、孫保証を宣言し、息子たちの中では比較的真面目《まじめ》に就職を目指しているように見えるチョロ松に声をかけるのは、ごく自然な流れだろう。しかし、ならば無職からの一抜けでチョロ松の表情はもう少し明るくてもいいように思える。そこで注目したいのが、第21話『麻雀《マージャン》』でカラ松が読んでいた新聞だ。一面をよく見てみると**「橋本にゃー熱愛か?」**のニュースが! アイドルオタク・チョロ松にはこれ以上ない激震だろう…。いつかは、自立しなければならない。でも、今はにゃーちゃんかわいいし…と思っていた矢先に、裏切りとも思えるにゃーちゃんの熱愛報道。もう、アイドルのファンなんてやめよう…傷心したチョロ松は、ちょうどよく来た求人にも熱が入らなかったのではないか。いつものようにビジネス用語を駆使した自己PRもできず、淡々と受け答えをしたかもしれない。そしてその結果合格…となったのかも!?

おそ松さん研究所の結論

アイドル熱が(一時的に)冷めた

謎松56

いつもサンダルを履《は》いている一松が靴を履いていたのはなぜ？

第24話『手紙』

第24話
『手紙』

第24話『手紙』で、自立したチョロ松に続き6つ子たちは次々と家から出ていく。一松も、第7話『4個』では醜《みにく》い骨肉の争いを繰り広げて競い合った今川焼きを食べ残し、最後まで家に残っていたおそ松に「これで…これでいいんだよ、たぶん…」と、家を出る決意を告げた。

荷物を抱え、路地裏のネコたちに餌《えさ》をあげにいく一松の足元を見ると**普段と違い、スニーカーを履いていた。**一松と言えば、ダボダボのパーカーにジャージ、便所サンダルをつっかけた姿がデフォルト。スーツの時以外は真冬だろうがお構《かま》いなしで、裸足《はだし》にサンダルで出かけるのが一松のいつものスタイルである。では、なぜこの時彼はスニーカーを履いていたのだろうか？

コスプレ衣装やつなぎの時は靴を履くこともあるが、一松は基本的にサンダルを履いている。そもそも**自宅から離れたところにあまりいかない**のかもしれない。路地裏や銭湯、チビ太のおでん屋台など、一松の外出先と言えば便所サンダルをつっかけて気軽にいけるような場所ばかりだ。どことなく気だるい雰囲気が漂う一松は、きちんと靴を履く習慣とは縁遠そうである。

たまに、兄弟と一緒にカフェや十四松のデートスポット、第22話『ファイナルシェー』では異国の地、アカーツカまで遠出もしているが、そこでも普段と変わらないジャージにサンダル姿だった。〝誰も俺なんかの格好、気にしないでしょ?〟と言わんばかりのラフさである。衣装のこだわりがない場合は、近場だろうが遠方だろうが、すぐに帰るのならばサンダルで充分なのかもしれない。

しかし、『手紙』の回ではいつも着ているパーカーとズボンなのに、足元はしっかり靴を履いている。これは、彼なりの〝簡単には帰らない〟すなわち〝自立するぞ〟という固い意志の表れだったのでは? 第5話『エスパーニャンコ』で明かされた「友達なんてマジいらねぇ。…だって僕にはみんながいるから」という一松の本音や、家を出た順番がおそ松を除いて一番最後だったことから、きっと一松は兄弟や松野家が好きなのだ。

そんな彼が家を離れるのは、**そうとう勇気がいることだった**に違いない。近場に移るだけでは後ろ髪引かれてしまうため、簡単には帰れない遠い場所にいこうと思い、しっかりとした靴を履き、大きな荷物を持って家を出たのだろう。だが、その後すぐに心も体もボロボロになり、街で倒れそうになっていた…。

おそ松さん研究所の結論

家には戻らず、遠くへいくつもりだった

謎松 57

超人・十四松はなぜケガをしたの?

第24話『手紙』

第24話『手紙』で、家を出て工場でのアルバイトを始めた十四松は、ある日の夜、右手を吊《つ》ったボロボロの姿でデカパン博士の研究所を訪れる。おそらく仕事で負傷したもので、とてもではないが仕事ができる状態ではなく、デカパンラボで療養することに。

触手《しょくしゅ》を自在に操り、川を爆泳し、さらには細胞サイズまで分裂可能な十四松。どんなにハチャメチャな行動をしても、ケガひとつ負ってこなかった男が、兄弟と離れて**自立をした瞬間に大ケガをした!** これにはなにか原因がありそうだ。

まず、十四松が人並みのケガをしたということは、彼が〝普通の人間〟になったと解釈できる。この回では、兄弟たちがそれぞれ自分の力で、社会に適応しようと努力し奮闘していた。それによって、6人が**〝6つ子〟という普通〝ではない〟アイデンティティ**を失い、6つ子という枠にいたからこそ発揮できていた十四松の超人パワーが発揮できなくなったのでは!?

その証拠に第25話『おそまつさんでした』でおそ松が迎えに来た時、すなわち6つ子に戻った瞬間に十四松のケガは全快している。6つ子が再びひとつになったことで、〝6つ子〟としての能力が戻ったのだろう。

おそ松さん研究所の結論

〝松野家の6つ子〟というカテゴリーから外《はず》れると超人的な能力が発揮できなくなるから

謎松58

【6つ子比較】脱出装備からわかることは?

第23話『ダヨーン族』

第23話『ダヨーン族』で、泥酔《でいすい》したダヨーンの体内に吸いこまれた6つ子たち。ダヨーンの体の中には謎の洞窟《どうくつ》のような空間が広がっており、ダヨーンそっくりの〝ダヨーン族〟が暮らしていた! 先に吸いこまれていたおそ松、カラ松、チョロ松は、親切な彼らのおかげで快適な生活を送り、姿形や口癖などがダヨーン化してしまう。さらにチョロ松はダヨーン族の女の子と結婚しようとしていた。だが、弟たち（おもにトド松）の説得（?）と、女の子からの後押しで、元の世界に帰ることを決意。ダヨーン族に見守られながら、**6つ子はボートで肛門《こうもん》…もとい出口を目指す!**

おそ松の合図で装着されたそれぞれの装備は、私物なのかダヨーン族からの餞別《せんべつ》なのか、6人6様だ。おそ松は赤いバイクゴーグル、カラ松はサングラスに白い布で口元を覆《おお》っている。チョロ松はキラキラの目が描かれたアイマスク、一松は普通のマスク、十四松は水泳用のゴーグルを装着。みな肛門から出ることを危惧《きぐ》してか、目や口を保護している。

その中でトド松の装備は**動物の付け鼻のみ**だ。鼻を守るため…に付けるものとしては、あざとすぎるかわいさだ! いついかなる時でも自分のかわいさを意識しているその精神…。もはやここまでくるとプロ並みだ。

おそ松さん研究所の結論

トド松があざとい

謎松59

【6つ子比較】死んだ回数が多いのは誰？

第24話『トト子大あわて』他

明言こそされないものの、6つ子たちはよく作中で死んでいる。まず始めに、第3話『こぼれ話集』で宇宙空間に飛び出したおそ松、チョロ松、十四松が全滅！　また、同じく『こぼれ話集』で、謎の人物・じぐ蔵に誘拐され、十四松がやられている。その後、平然と復活しているが、他の話でもちょくちょく絶命しているのだ。その回数を独自にカウントしてみたところ、**堂々の1位は、やはりこの男…カラ松で14回だ！**

なにかと不憫《ふびん》な役回りの多いカラ松を振り返ると、チビ太のカラ松誘拐騒動があった第5話『カラ松事変』では、兄弟のガラクタ攻撃で死亡。第6話『おたんじょうび会ダジョー』でも、ダジャレを言って一松にバズーカを撃たれて黒焦げに。第8話『なごみのおそ松』では連続殺人事件の第一被害者だ。他でも、兄弟たちにやられている場面が多いカラ松が予想通り1位だった。

以下は、一松が10回で十四松が9回。おそ松とチョロ松とトド松はそろって8回だ。ツッコミ役にもなる3人なので、オチで死亡することが少ないからか？　ちなみに、主役争奪・イヤミカートが開催された第18話『逆襲のイヤミ』では6人それぞれ数回ずつ死亡しており、第24話『トト子大あわて』では、6人全員一緒に骸骨《がいこつ》になっている。

おそ松さん研究所の結論

カラ松が一番よく死んでいる

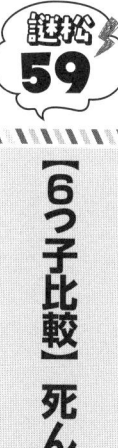

謎松60

【6つ子比較】野球のポジションからわかることは?

第25話『おそまつさんでした』

第25話『おそまつさんでした』でセンバツ出場を果たした松野家。自立してバラバラになっていた6つ子たちだが、おそ松の招集でそれぞれ仕事や一人暮らしを放棄し、再び集合！　いったいなんの大会なのか最後まで謎だったが、なにやら野球で勝負をすることに！

センバツで行われた野球のポジションは、おそ松がピッチャー、カラ松がサード、チョロ松がキャッチャー、一松がセカンド、十四松がファースト、トド松がショート。父・松造はセンターで母・松代はレフト。松野家は8人なので、ライトは不在だった。戦略を考慮したのか、立候補制だったのかは不明だが、目立ちたがり屋のおそ松がピッチャー、普段から重くてイタい革ジャンとサングラスを装備し、強い打球にも耐えられそうなカラ松がサード。グラウンド内での監督役となるキャッチャーに自称常識人のチョロ松など、理に適《かな》っていると言えなくもない布陣である。

特に信頼関係が試されるバッテリーを担《にな》ったおそ松とチョロ松は、**試合前にまったく同じ動作で体操を行う**など息ぴったり。第24話『手紙』の回でのわだかまりなどなかったかのよう。張り切るおそ松へのツッコミのキレも冴《さ》え渡っている！　…全然試合にはなっていなかったが。

おそ松さん研究所の結論

おそ松とチョロ松は以心伝心《いしんでんしん》!?

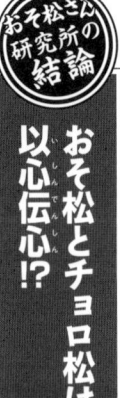

謎松6連発!!

61
第13話『事故?』
シコ松看板はどこからもって来たのか?

第13話『事故?』でおそ松が出してきたシコ松看板。第4話『自立しよう』で出てきたホワイトボードに、粗大ごみの張り紙がされていたので、同じく拾ってきた看板で作ったのかも…?

おそ松さん研究所の結論
ガラクタを利用したおそ松の自作

62
第15話『チビ太の花のいのち』
カラ松はなぜ電柱の陰からチビ太の様子を見ていたの?

第15話『チビ太の花のいのち』で、チビ太の行動をカラ松は心配そうに見守る。第5話『カラ松事変』以降、カラ松はチビ太に懐《なつ》いているので、困っているなら助けたいと思ったのだろう。

おそ松さん研究所の結論
チビ太の悩みを解決してあげたいと思っている

63
第19話『チョロ松ライジング』
チョロ松はなぜ、カフェでダンボールグッズを使うレベルのライジングになってしまったのか?

第19話『チョロ松ライジング』で、チョロ松の自意識がバケモノ級に。どんどん肥大《ひだい》化する自分の自意識を見て感覚が狂いつつも、できる人だったはずの自分を取り戻そうとしたのかも。

おそ松さん研究所の結論
自意識を自覚してしまった

64
第24話『手紙』
おそ松とトド松のケンカの内容は?

第24話『手紙』でチョロ松を見送らなかったおそ松を、トド松はおそ松がチョロ松を熱海《あたみ》に誘った時のパンフレットで殴った。トド松はチョロ松のために怒り、返り討ちを食らったようだ。

おそ松さん研究所の結論
殴り合いのガチゲンカ

65
第25話『おそまつさんでした』
ポストに投函《とうかん》しようとした手紙が燃えたのはなぜ?

第25話『おそまつさんでした』では、チョロ松が書いた手紙が2通とも自然発火!! 第11話『クリスマスおそ松さん』で一松が人体発火していることから、松野家の特殊体質と考えられる。

おそ松さん研究所の結論
6つ子は人体発火能力を持っている

66
第25話『おそまつさんでした』
センバツとはなんだったのか?

第25話『おそまつさんでした』で開催された謎のセンバツ。「クソニートから卒業するチャンスだ」とおそ松が言っていることや、優勝後の6つ子の願いを聞くと、賞品も宇宙規模…!?

おそ松さん研究所の結論
宇宙規模の甲子園

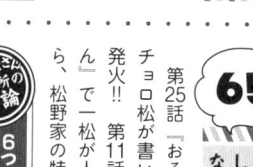

全問正解できたら松博士認定!? 松Q《クエスチョン》

6人6様！　どれが誰の答えかわかるかな…？

Q.1 次の自意識ボールは誰の？

A もふもふした毛玉のようなもの
B 手のひらサイズのガラス玉
C 宇宙に浮かぶシャボン玉
D くしゃくしゃの紙くず
E 外でライジングしている球体
F キラッキラのミラーボール

Q.2 第14話『風邪ひいた』で次のような看病をしたのはどの6つ子？

A 火炎放射器で焼却
B 細胞サイズに分裂して体内のウィルスを撃退
C ずっと寝こんでいた
D 兄弟の財布を奪いパチンコへいった
E ドSプレイ
F 雪解け水を取りに雪山登山

Q.3 クリスマスの時、次の6つ子は誰のプレゼントを受け取った？

A おそ松
B カラ松
C チョロ松
D 一松
E 十四松
F トド松

Q.4 好きなパーツについて、次の回答はそれぞれどの6つ子が答えた？

A 愛さえあれば
B 言えません
C 美脚（本当はへそ）
D えっ!?
E 肉球
F 美肌、イイ匂い、うなじ、くびれ、声…etc

Q.5 「無人島へ持っていくもの」について、次の回答はそれぞれどの6つ子が答えた？

A 漫画とトランプ
B むじんとう？
C ネコ
D 自分を保つために人間としての「心」を持っていきたい
E 美しい心
F 帰り用の船

Q.6 次のキャッチコピーは誰のもの？

A スイートプリンス
B キューティーフェアリー
C 爽やかジャスティス
D ビューティージーニアス
E 肉食系肉
F ミステリアスクール

Q.1 A 一松 B カラ松 C 十四松 D おそ松 E チョロ松 F トド松
Q.2 A トド松 B 十四松 C チョロ松 D おそ松 E 一松 F カラ松
Q.3 A 十四松 B トド松 C おそ松 D カラ松 E 一松 F チョロ松
Q.4 A カラ松 B チョロ松 C トド松 D 十四松 E 一松 F おそ松
Q.5 A おそ松 B 十四松 C 一松 D チョロ松 E カラ松 F トド松
Q.6 A 十四松(F6) B トド松(F6) C おそ松(F6) D チョロ松(F6) E カラ松(F6) F 一松(F6)

chapter 5

6つ子のシェー英社研修期間報告書

6つ子が、もしもシェー英社に就職して研修を受けたとしたら…
と仮定して、6つ子の報告書をもうそ…想像してみたぞ!!

シェー英社研修期間報告書

シェー英社 Training report

部署：シェー刊少年ジャブン編集部　　氏名：**松野おそ松**

タイムスケジュール

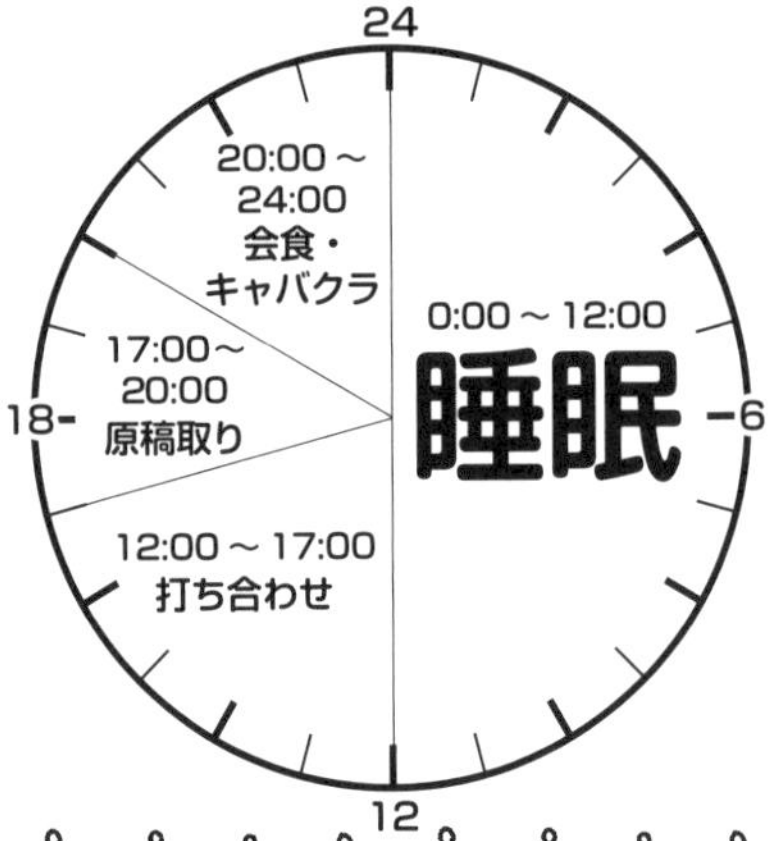

作業内容

日本一のマンガ雑誌の編集部なんだって。そんな編集部に配属される俺スゴくない!?　しかも、マンガを１日中読んでるだけで、お金がもらえるなんて最高だよね！　俺にピッタリじゃない!?

所感

新人のマンガ家さんに好きなマンガを描いてもらえるっていうから、俺を主人公にして、ビッグでカリスマレジェンドな俺が石油王をめざす話を考えたんだよね！　あと、６つ子ってのも今ウケてるらしいから、俺の引き立て役として、弟たちも出してあげた。俺って優しいお兄ちゃんだよね～。王道だし、これ絶対に人気出ると思うね！　あ、もちろんストーリーはオリジナルだよ！

上司からのコメント

好きなマンガを描いてもらうのは仕事ではありません。
しかもこれがオリジナル!?　**表紙も勝手に作るな!!!**

クビ

シェー英社研修期間報告書

シェー英社 Training report

部署：男ズ OUMO 編集部　　氏名：**松野カラ松**

タイムスケジュール

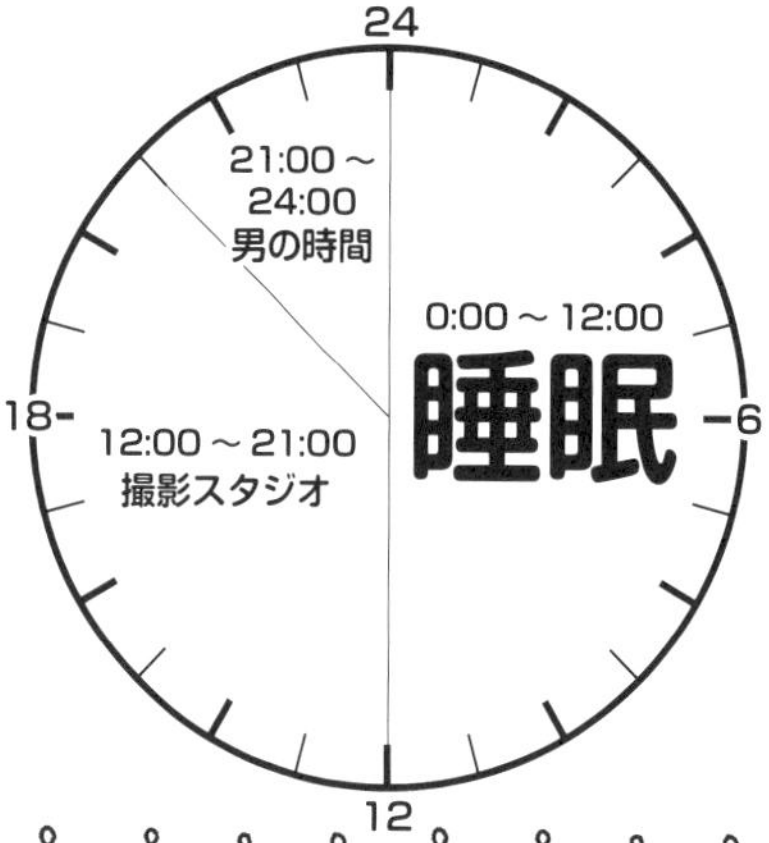

24
21:00～24:00
男の時間
0:00～12:00
睡眠
18
6
12:00～21:00
撮影スタジオ
12

作業内容

生まれながらにして孤高であり、そんなデスティニーを彷徨《さまよ》い続ける、男の中の男のマガジン！ 戦士たちが纏《まと》いし鎧《よろい》となる重厚なファッションを提供するのが、俺に託《たく》されたミッションだ!!

Men's

カラ松スタイル
「仕事のことはノープランだ!」

「大きなシノギの匂いがする」

『やっと来たかい、カラ松ガールズ』

ハロワでキメる希望職種!

「己との戦い…終わりなき試練…やがて俺は立ち上がることもできず」

所感

フッ…、このミッションはそう、俺にとってのまさに天職だったと言わざるをえないな。男たちの空虚な時間を癒《いや》すのは、もちろんこの俺が直々《じきじき》にチョイスした数々のアイテムだ。ジャケットやウエスタンブーツにあしらわれたオリジナルのカラ松エンブレムを手に入れた時、読者の運命は転がり始めるのさ。止めることなど……インポッシボー!!!!

上司からのコメント

なにを言っているのかはよくわからないですが、**とにかくイタくて**あばらが折れそうです。

イタイ

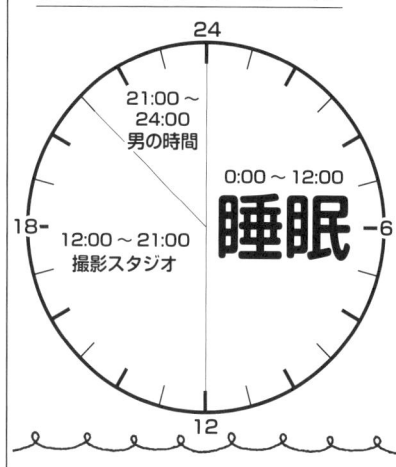

シェー英社研修期間報告書

部署：**プレイボーズ編集部**　　氏名：**松野チョロ松**

シェー英社 Training report

タイムスケジュール

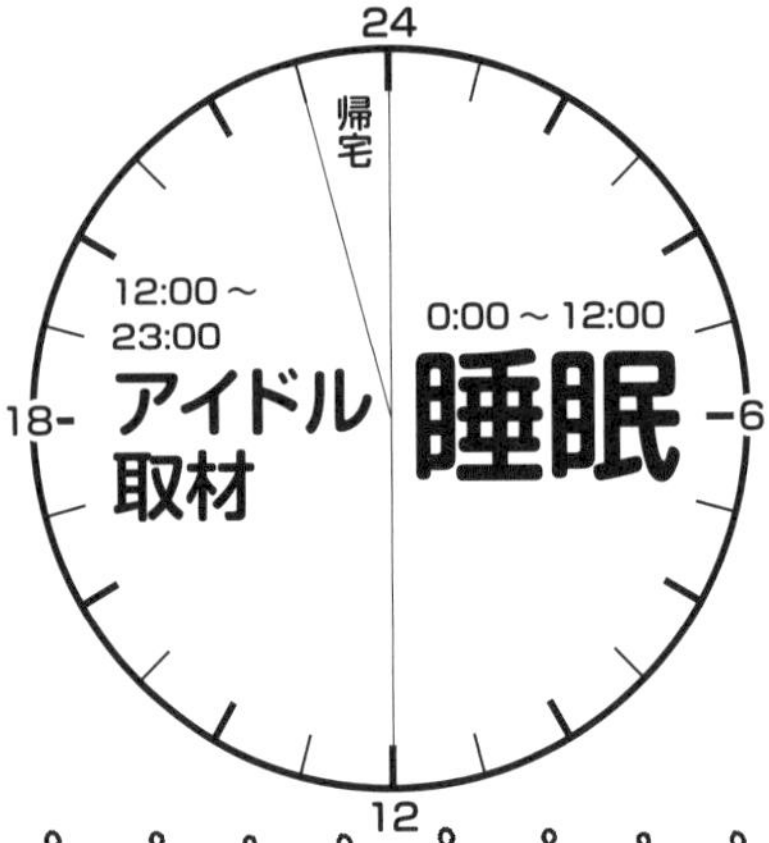

作業内容

もっともリスペクトする「橋本にゃー」をはじめとしてアイドルをクローズアップ。読者にアイドルという存在のフリーダム性をリマインドし、オーソライズさせせることを目的としている。

所感

近年パラダイムシフトを迎えるアイドル業界に対するソリューションを、いかに観客のニーズに応じブラッシュアップしていくかが重要ですね。そこで登場するのが、橋本にゃーさんです。彼女はＰＤＣＡを回すために欠かせず、彼女こそが現在流通するアイドル雑誌のイマジネーションにバッファを持たせ、どのようなスキームでバジェットを獲得していくのかの鍵になってくるに違いありません。

ライジング

上司からのコメント　**自意識が高すぎです。しかも…実際、仕事なにもしてないよね？**

シェー英社研修期間報告書

シェー英社 Training report

部署：**学芸編集部**　　氏名：**松野一松**

タイムスケジュール

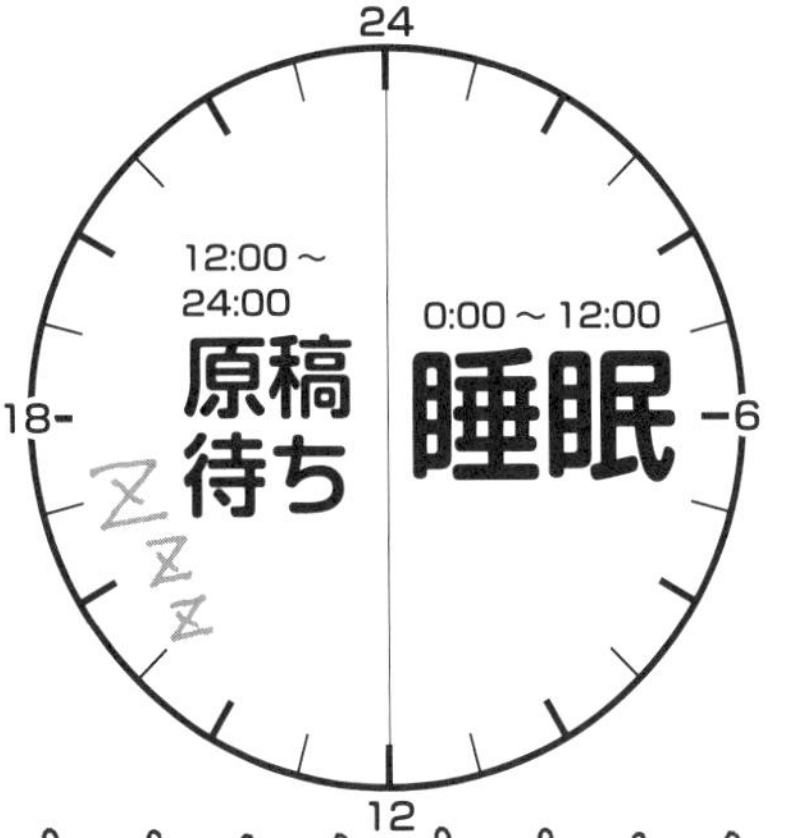

作業内容

ベストセラー作家・花山先生の最新作『続・吾輩《わがはい》は猫である可能性が高くなくもない』の原稿を受け取りにいった。原稿が上がるまでの間、待つことになった。かわいい猫に出会った。

所感

こたつに入って待っていたら、縁側からノラ猫入ってきた。猫じゃらしを常に携帯していてよかった。原稿を待っている間に猫が眠りはじめたので、俺も眠くなってきた。この仕事は案外自分に向いているんじゃないかという気がしてきた。ゆっくり待たせてもらうとしよう。ノラ猫とともにこたつでまどろみながら、いつの間にか俺も猫になっていた。ふと気づくと、隣で寝ていたはずのノラ猫が、俺の方をじっと見つめている。俺はなんとなく縄張りを意識する。爪だ。どこかで爪を研いで、ニオイをつけなければ。俺は爪研ぎに挑戦するための対象を物色する。柱でもいいし、こたつの足でもいい。しかしその前に、自分が持つ唯一にして最強の武器がいかなる切れ味を持っているのかを試してみたくなった。猫は気まぐれなのだ。そしてこたつの上に散乱した、とてもひっかき心地のよさそうな数枚の紙が俺の目に止まった。

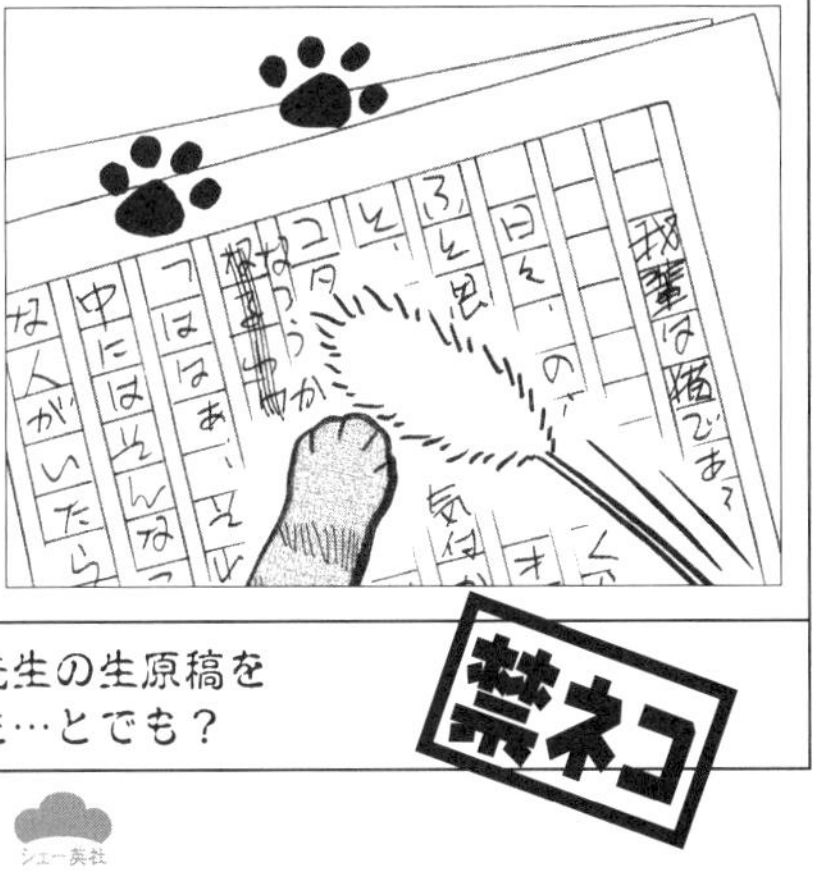

上司からのコメント

…それで、花山先生の生原稿をビリビリに破いた…とでも？

禁ネコ

シェー英社研修期間報告書

シェー英社 Training report

部署：総合警備スタッフ　氏名：松野十四松

タイムスケジュール

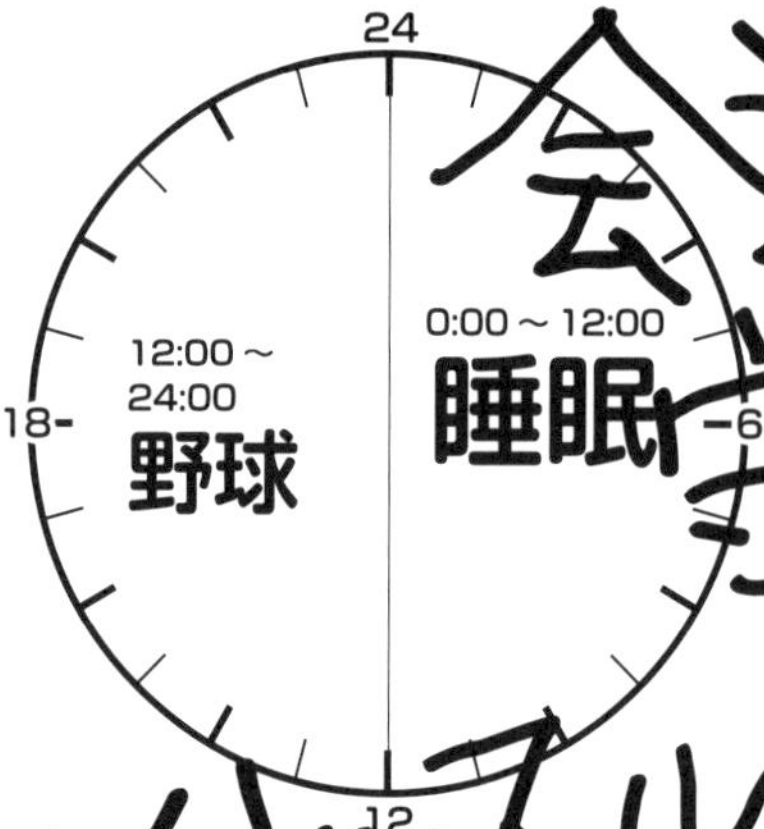

作業内容

会社の安全守りマッスル！マッスル！！ハッスルハッスル！！

所感

守ってくれてありが特大ホームラン!!!

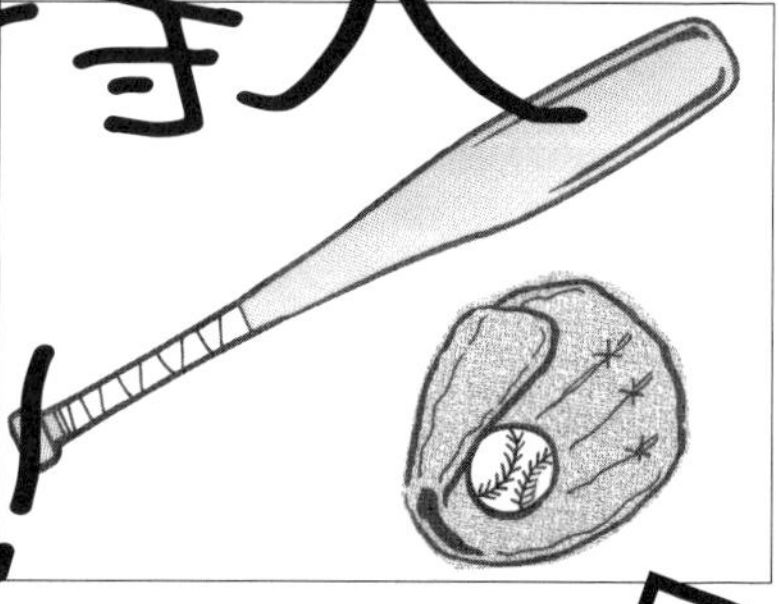

上司からのコメント

危ないので社内でバットを振るのはやめましょう。
バットに他の警備員をくくりつけるのもやめましょう。

危険

シェー英社

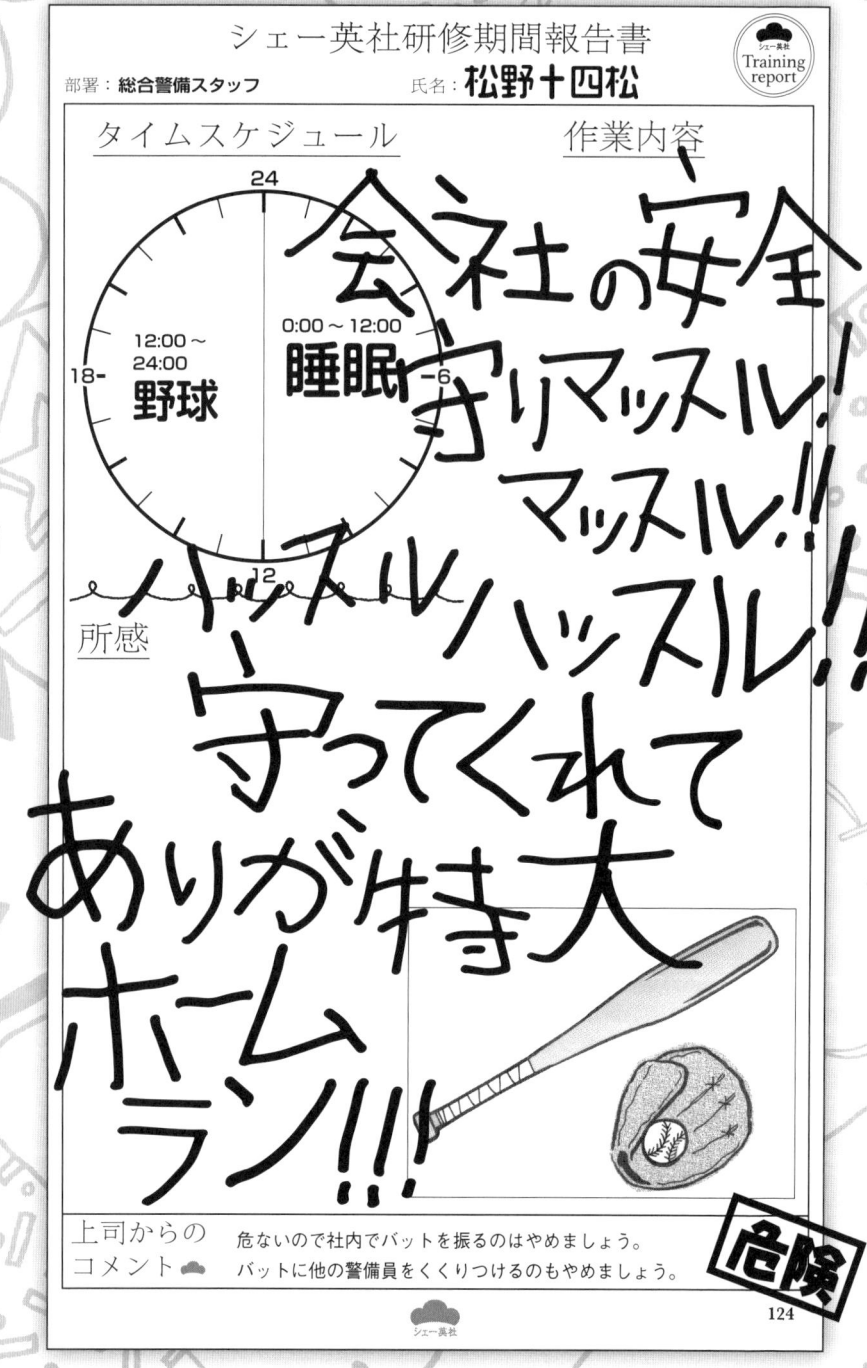

シェー英社研修期間報告書

部署：mon-mon 編集部　　氏名：松野トド松

シェー英社 Training report

タイムスケジュール

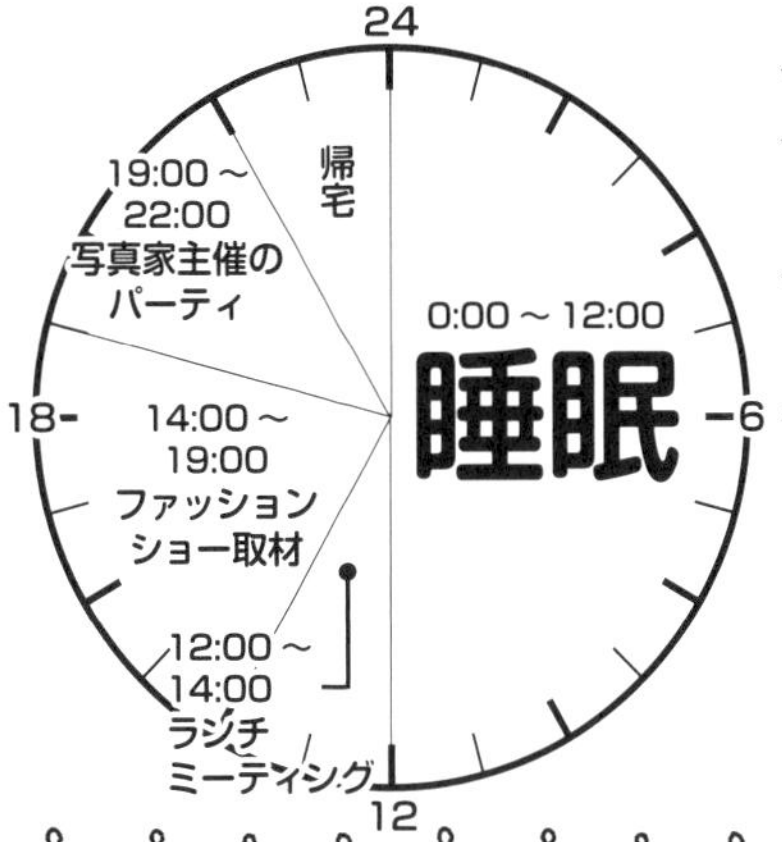

作業内容

* ファッションショー会場の下見
* ティーンモデルさんとの打ち合わせに同行
* 新人発掘オーディション会場チェック
* カメラマンさんのお手伝いで新作お披露目パーティ出席

所感

本研修期間中に、興味のあったティーン向けNo.1ファッション誌のお仕事に携われたことはとても嬉しかったです。モデルさんとの打ち合わせや、ショー会場の下見、そして写真家さん主催のパーティなど、憧れていた世界を間近に体験させて頂き、本当に感謝しています！とはいえ、ファッションの世界は表の華やかさとは裏腹に、厳しい世界であるということも承知しています。しかし、自分のセンスと努力で、この仕事に尽力したいと思います。今後とも全力で取り組みますので、何卒よろしくお願いいたします！

上司からのコメント

お兄さんたちがパーティ会場を荒らしてくれたおかげで、シェー英社は酷《ひど》い損害を受けました。

全員クビ

シェー英社

富永《とみなが》P《プロデューサー》×おそ松さん研究所員『おそダス』ぶっちゃけ座談会

研究所員が謎66個をたずさえて、突撃したぞ!!

カラ松がこんなに女性人気を博すとは思っていなかった

研究所員A（以下、研A）：富永プロデューサー！　我々、シェー英社支部の研究所員が死ぬ気で考察した謎66個がやっとそろいましたのでお見せします！　鋭いツッコミ、お叱《しか》りをいただく覚悟はできております！　…いかがでしょうか？

富永プロデューサー（以下、富）：ふむふむ…。なるほど。

研究所員B（以下、研B）：どこか、問題ありますかね…？（汗）

富：鋭くツッコもうと思いましたが…これもう、ほぼ正解じゃないですかね？　明言はできないですけど（笑）。

研究所員一同：やったー！

研B：ハタ坊の秘書たちみたいに、バズーカで撃たれるかと心配になりました（笑）。

富：あくまで、私個人的にはですよ!?

研究所員C（以下、研C）：ちなみに、謎松66の中で富永Pが特に気になった謎は？

富：そうですね、この謎松1「カラ松が魚にしたためた手紙の内容は…?」や、謎松40「カラ松のイタいタンクトップはどこで手に入れたの?」とか面白いですね。

研B：第2話の釣り堀のシーンで早速ナルシスト全開だったので、カラ松のイタさはどうやってできているのかずっと気になっていて。でも、第2話より後はあまり目立っていなかったようにも感じました。

富：カラ松はぼそぼそっとしかしゃべらないので、出尺《でじゃく》は多くないんですよね。男から見たらいい奴《やつ》なので好きなんですけど、まさかこんなに女性に人気になるとは思っていなくて。

研B：僕も男なのでわかります！　女性にはまったくモテないけど、男友達には人気ある…みたいな奴ですよね。

富：そうなんです。むしろ女性には嫌われるキャラクターだと思っていた部分があって。でも、こういう奴っていじると面白い。なので、第2話の魚に宛《あ》てたラブレターのシーンは「過度にいじってやろう」という気持ちがあってできたのかもしれませんね。

『恋する十四松』は一番深夜アニメっぽく、考えてもらう余白を作った

研C：『おそ松さん』は考察しているファンの方がものすごく多いですよね。謎松32「女の子の左手首にあったリストバンドの意味は?」の考察は、世間でも議論を重ねられていて。

富：この回は、視聴者の方々に考えてもらう余白を作ると、ちゃんとした大人のドラマになるんじゃないか、と話していました。視聴者の方々にきちんと意図が伝わっているのは嬉《うれ》しいですね。

研B：他の回でも、視聴者に解釈を任《まか》せている部分は多かったですか？

富：そうですね。設定とかを決めすぎるとやりづらくなってしまう部分があるし、赤塚先生のマンガというのは〝なんでもあり〟というところが大きな魅力だという意識が制作陣にあって。身長体重とか

もその都度《つど》変えられるように決めていないので、その辺も皆さんに考えてもらって、楽しんでもらえるといいなと思います。

研究所員D（以下、研D）：死んだはずでも、みんな生き返ってますもんね。

富：最終話に全員出てきたりとか（笑）。よくありますよね。「今死んだんじゃないの?」と思ったら生き返っている。ああいうのが好きなんです。辻褄《つじつま》を合わせることよりも、とにかく面白くなることが大事だと考えて作っていました。なので、こうやって考察してもらえるような隙《すき》や、ツッコミどころがたくさんあるんじゃないかなと思います。

研C：6つ子もそれぞれ数回ずつ死にますよね。

研A：私たちが独自にカウントしたところ、一番死んでいたのはカラ松でした!

富：やっぱり（笑）。兄弟から攻撃されている時もありますもんね。

研D：不憫《ふびん》な役回りが多いカラ松ですが、第24話『手紙』のおそ松を殴るシーンはカッコよかったです。

富：ストーリーの終盤は、キャラクターが固まっていてちゃんと動いていましたね。おそ松を止められるのは、カラ松だけだろうという話はよくしていました。だから呼び捨てなんですよ。おそ松と対等でいられるのはカラ松だけ。私は大人数の兄弟の次男坊って、しっかりしているイメージです。そして、長男は大体クズというイメージがあるなと（笑）。

研B：カラ松って自分以外のことでは冷静だったりしますよね。ちなみに、カラ松のキャラクターが固まったのはいつですか?

富：最後ではなかった気がしますね。確か一番最後に決まったのは、十四松だったかと。おそ松、チョロ松、トド松は、ポジション的にもわかりやすい長男とツッコミ役と末っ子として、最初の方で決まっていました。一松も決まったのはストーリーの初期ですね。十四松は最初もっと普通だったんです。でも、おそ松とは方向性の違うバカが欲しいという話になって、今の十四松ができたと記憶しています（笑）。

一松とカラ松は似ている部分があるんだと思う

研C：おそ松、チョロ松、トド松の3人の絡《から》みは多いですよね。第10話『イヤミチビ

ほぼ正解じゃないですかね? 明言はできないですけど（笑）。

こんな風に考察してもらえるのは、とてもありがたいです。

太のレンタル彼女』で、おそ松がチョロ松に熱海《あたみ》のパンフレットを見せながら「旅行いかない？」と言っているシーンがあって、第24話『手紙』で、チョロ松を見送らなかったおそ松をトド松が熱海のパンフレットで殴っていて。なんだか感慨深かったです。

富：そういったことも考えて描かれていると思いますね。熱海が出てきたのは…その話を作っている頃にスタッフたちの間で、熱海にいきたいという話になっていたからかな（笑）。

研B：そんな理由が！（笑）

研D：あと、トド松はおそ松に同調していることが多い気がしますが、夜中にトイレにいく時は、おそ松ではなくチョロ松を起こすのが印象的でした。

富：そのへんは、トド松は実利を考えて行動しているんだと思います。一応、一番普通っぽいチョロ松がいいだろうという判断ですね（笑）。

研A：本書で謎をピックアップしていると、カラ松と一松が主体の謎が多く出てきたのですが、一松がカラ松に冷たい理由は、ファンの間でも物議を醸《かも》していますよね。

富：そうですね。これはあくまで個人的な意見ですが、一松はカラ松が自分と似ている部分があるから冷たいのかなと思っていました。でもたぶん、一松はカラ松のことを本心ではいい奴だと思っている気がします。だけど、それを素直に言えない性格だから、ああいう態度をとっているのではないかと。

『おそ松さん』は自由にできる部分が多かった

研A：最後に『おそダス』読者の方々へコメントをいただきたいです！

富：読者の皆さんに『おそ松さん』を考察してもらえるのは、とてもありがたいです。この本に載っている赤塚区マップ（15P）もシェー英社支部の研究所員がよくまとめてくれましたので、これを正式設定にしたいくらい（笑）。

研C：富永プロデューサーからおほめの言葉が！　死ぬ気で研究してきたカイがありました…。ぜひ正式設定にしてください（笑）。

研B：急に調子に乗りすぎじゃない!?

富：それは…どうかな？（笑）『おそ松さん』はこの赤塚区マップ含め、自由に設定できる部分が多かったんですよね。だから、スタッフも楽しめるし、ファンの方々も楽しんでいただけたんじゃないかなと。そんな作品になったのがすごくいいなと思います。

研A：『おそ松さん』は本当に何度見ても飽きなくて、謎も尽きません。

富：この本には、私よりアニメを見返しているかもしれない研究所員たちが出した、珠玉の考察が詰まっています。でも、あまり難しいことは考えず、気軽な気持ちで読んでやってください。

研究所員一同：ありがとうございました！

ぴえろ プロデューサー

富《とみ》永《なが》禎《よし》彦《ひろ》

アニメーションプロデューサー。『おそ松さん』ではスタッフィングなど、企画段階から主導している。

おわりに

今回、『おそ松さん』のこと、6つ子のことを考え、アニメを見直すこと66回以上！　飽きるほど見た…と言うところかもしれないが、ところがどっこい、『おそ松さん』は何度見ても飽きなかった!!

考えれば考えるほど、ニートで童貞でダメ人間な彼らの魅力にハマっていく。彼らの可能性は無限大で、6人6色、強気で生きている姿がカッコいい!!

この本の考察は、我々から見た『おそ松さん』の延長線上にある。故に、ここまで読んでくれた方々から見た『おそ松さん』は、また別の見方や解釈があるだろう。共感できるところ、またはこれは違うと思うところなどが多々あると思うが、この考察で、皆様方の中にある6つ子の可能性が広がっていくとしたら本望だ。

『おそ松さん』にこめられた6つ子の可能性を噛《か》み締めながら、新たな展開が生まれることを期待している。ここまで読んでくれた方々に、溢《あふ》れんばかりの感謝をこめながら。

「おそ松さん」研究所　シェー英社支部

●デザイン　バナナグローブスタジオ
（木村修子・酒井布実子・佐野優笑・BGS制作部 市村創太）

●編集協力　キャラメル・ママ

●イラスト ユウミ松

「おそ松《まつ》さん」公式考察本《こうしきこうさつぼん》 おそダス

2016年8月31日　第1刷発行
2016年9月18日　第2刷発行

著者　「おそ松《まつ》さん」研究所《けんきゅうじょ》 シェー英社支部《えいしゃしぶ》

発行者　加藤潤
発行所　株式会社 集英社
〒101-8050
東京都千代田区一ツ橋2丁目5番地10号
電　話　編集部 03-3230-6141
　　　　読者係 03-3230-6080
　　　　販売部 03-3230-6393（書店専用）

印刷所　図書印刷株式会社
製本所　ナショナル製本協同組合

ISBN 978-4-08-781614-3　C0076